海上墨林

大师眼中的海派画家

杨逸 著

中国画报出版社·北京

序

　　大江南北，书画士无量数。其居乡而高隐者，不可知。其橐笔而游，闻风而趋者，必于上海。上海文物殷盛，邑中敦朴之士，信道好古，娴习翰墨，又代有闻人。雅尚既同，类聚斯广，此风兴起，盖在百年以前。闻昔乾、嘉时，沧州李味庄观察廷敬，备兵海上，提倡风雅，有诗、书、画一长者，无不延纳平远山房，坛坫之盛，海内所推。道光己亥，虞山蒋霞竹隐君宝龄，来沪消暑，集诸名士于小蓬莱，宾客列坐，操翰无虚日，此殆为书画会之嚆矢。其后吾乡吴冠云孝廉，复举萍花社画会于沪城，江浙名流，一时并集。至同、光之际，豫园之得月楼、飞丹阁，俱为书画家游憩临池之所。先大夫宦游寓沪，并以能书见称。邕生长是邦，幼承廷训，长而与邦人君子游。虽不获见乾、嘉之盛，而同、光诸子则都半旧交，风雨一庐，相与上下其议论，此境犹可溯也。飘忽数十年，曩昔同游，续续而逝，悁然回顾，不胜风微人往之悲。因念操觚之士，才艺有短长，名字有显晦，人以艺传，不能概诸中材以下，又或天赋殊姿，力学早世，遗墨既鲜，一瞑阒寂，抑可伤已。《上海县志》人物、艺术、游寓诸传，兼载书画，所收无几。若求赅备，必借专书。余亦衰颓，记载之事，非所能任。尝以是语杨子东山。乃欣然任采辑，旁咨博考，阅时三载，得七百数十人，凡所素知，大略咸在。夫古之书画史，无省县畛域，范围既广则取舍必严。若是编所记，仅限沪地一隅，搜林网泽，片材悉录，犹恐或遗，又安能以书画史之体例绳之。杨子积稿既多，犹恐未尽，不遽付梓。余以为弗梓惧久而稿佚，犹无作也。宜速锓木，葆此幽光，以俟后人论定。爰筹所以梓行之法，集资而趣成之。杨子与故友周子备笙交厚，三十年前，因周子而馆余家，画山水，研练汉隶，深造有得，壬寅岁领乡荐。其人清介离俗，不善逢迎，治书画以佐活计，今亦垂垂老矣。书成来索序，乃述余言于简首。

己未嘉平月，仁和高邕识于绝景穷居。

自　记

《海上墨林》[1]者，志上海之书画家也。吾乡先哲，研精翰墨，缣素流播，代有知名。而四方宾彦，挟艺来游，更多至不可胜纪。数十年中，并吾世而相知者，今已恍兮惚兮，弗能尽忆。其历年较远，益甚茫然。惧其阅久愈湮，姓氏寂寞而无可考查也，乃于暇时就所忆及录而存之，得若干人。更递溯夫百年以上，检县志、府志，并采他书，又得若干人。而仁和高先生邕之亦有心于此，恒举所知以见告，益以老辈新交之传述，又得若干人。积稿成卷，积卷成书，阅时三年，厘订编目，粗有头绪。昔秀水张浦山先生著《国朝画征录》有言曰："兹编所录，其业之足与古大家相抗驰者几人，

---

[1] 即本书《海上墨林：大师眼中的海派画家》。——编者注

然其心思之所注，意趣之所在，盖有不可得而泯没者。"吾书之成，殆窃斯义。弗论谐深谐浅，名晦名彰，汇录于兹，以俟大雅宏识监别而论定。一日高先生过余曰："稿竣已乎？"曰："是为案头札记，随时可以增补，未敢言竣。"先生曰："足矣。海上书画名流，所可知者，大略具在，其即以是为限断。编辑之事，子任之；集资付梓之事，余任之。吾侪用心，务为有益，矧兹为益人之事，阐扬道艺，信今传后，当亦往哲之所许，弗梓奚待？"余佩先生之用意厚，乐手成美有如此，遂携稿以请审正，并商定书名，而付之剞劂氏。

己未岁除，东山杨逸识。

例言

一、是书编分四卷，并续录，共得七百四十一人。首邑人，次寓贤，再次方外与闺彦。凡属能书能画，均归采纳，不存品第高下、严选慎择之意。

一、采录前贤，根据府志、县志。但志书所载，详于品学事功，于其人翰墨能事，不尽记及，湮没良多。更检原志艺文载有某碑某帖某人书，即引为确证。或据所见书画墨迹，附注标明。

一、青浦、南汇、川沙各境，从前皆属上海。自明万历以降，始逐渐分析。凡书画人材见于吾邑旧志者，悉皆采入。

一、凡达官贤宦、词苑通才、湖海名流、林泉遗逸，负有书画之长，或旬日勾留，或经年常驻，或时来时往，踪迹靡定，无分久暂，均属寓公，所见所闻，兼收并录。

一、祖孙、父子、兄弟、叔侄，均应合传。或有一姓多才，世次难详，考询未周，记载舛错，容俟后来订正。

一、名字偏阙，籍贯不详，科第、官阶未尽明悉者，暂从阙略。

一、释子道流工书善画，本不恒见，征诸邑乘，亦属寥寥。且籍贯大半失考，约就时代先后编列，未能分别邑人、游寓。

一、闺媛书画，辄有妙墨，惟或深自珍秘，不轻示世，所见至希。远征前志，近采方闻，亟录于编，以扬馨逸。

一、所录始自宋代，再前无征，至清季宣统辛亥止。其辛亥以后作古者，别为续录，增列于后。

一、本编采摭参考书籍，自县志、府志外，旁及《画征录》《画史汇传》《南吴旧话录》《渔洋诗话》《墨香居画识》《墨林今话》《沪城备考》《墨余录》《瀛壖杂志》《松壶画忆》《昭代名人尺牍小传》等。各书诸家姓名，大半互见，小异大同，不再于传下加注采录书名，以免冗复。

一、是书之成，三阅寒暑。至今冬锓木时，尚有友朋见告，陆续增入者。涉笔粗疏，或年次凌乱，以及传闻失实，均所不免。尚望博用君子正其谬误，举其遗漏，实为至幸。

姓氏录

邑人

宋
李甲　　　　　　　　　　黄庚

元
任仁发　　　　　　　　　王默

明
秦裕伯　　　　　　　　　张及之
潘晋　　　　　　　　　　俞宗大（从父）仲几（子）珙（孙）顺

黄翰

李澄

顾英（曾孙）从礼（从曾孙）从义

赵松

章瑾

顾应文

璩之璞

陆平（子）深（玄孙）琛

张拙

张电

浦泽

顾斗英（子）昉之　寿潜

童时（弟）罢

姚章

张允孝

乔一琦

丁远（子）日章（孙）世武　世录　世绪

朱国盛

沈藻（孙）世隆

陆友仁

徐光启

胡维璧（子）训之

董其昌

潘云龙

吴易

吴泰

叶有年

傅廷彝

方叔毅

陈曼

沈白

莫秉清

唐䴖

李蕃

邢国美

侯孔释（弟）孔鹤

何三杰（从子）万仞

清

黄中理

乔世塸

张锡怿

沈嘉森

叶映榴（子）敷（孙）凤毛（曾孙）满林　滋大（从子）自尧（从曾孙）承

叶长源	顾昉
张照	萧诗
徐允哲	瞿淳
闵为钰	周铨（子）其永（从子）其大
朱淇	凌如焕
张玠	朱霞
曹炳曾（孙）锡黼	曹一士
刘梦金	蔡嵩（从子）兆昌　兆时
曹培源（从弟）培秀	唐城
曹杰士（子）锡璜（从子）锡爵	毛汉齐
张泌	贾淞
金永（从子）诗	滕开基
顾行	侯艮旸
陆济（子）天锡（孙）文然　培厚	孙锡海
王睿章（子）冈	张智锡
孙致弥	强行健
倪廷对	徐勋
吴磐	王绘
徐智	陈青传
姚廷让	施不矜
程宗伊	倪克让
罗焘	王健
赵秀	张深（子）梓
周泰	赵易新

唐音

唐卫尊

陈维城（子）秉钧

王凤冈

张文沼

胡可权

张焕文

姚楷

朱必镒

沈焕

曹洪直

陈和

盛彦栋

程松

潘玛璠

张宗陶

徐振勋（子）邦基

叶嘉言

张大山

俞宗礼（子）鹤

陶南望（子）锟（孙）步蟾

乔光烈

沈鑫

李鹏万（弟）槎源（从子）如龙

周鉴

唐格

沈奕藻

周思恪

陆懋莲（子）荣

方成美

王绍廷

顾曾献

夏云

董廷桂

殷光照

曹树李

吴志华

姜桂

王也园

康焕

张坤仁

陆敬铭

陆大木

徐熙泉（子）里

陆琳

张成

凌存淳

李钟元

徐日华　　　　　　　　　　　　　金宝田

张兆炎（孙）嘉仁　　　　　　　　邹黄涛

曹锡宝　　　　　　　　　　　　　陆锡熊

钮荣

曹法坤　　　　　　　　　　　　　赵堂

赵绅（子）文鸣　文哲（孙）秉渊　秉冲　秉淳（曾孙）荣　林

赵文镐（子）浚　　　　　　　　　赵文敬（子）秉深

曹云　　　　　　　　　　　　　　潘宗皞

王钟（弟）铮　　　　　　　　　　顾伟器（从子）培豫

　　　　　　　　　　　　　　　　（从孙）曾锡

朱峤　　　　　　　　　　　　　　陆南培

沈崇勋　　　　　　　　　　　　　侯钟

孙侃　　　　　　　　　　　　　　褚华

康绶（子）恺怀（孙）懋　　　　　曹洪志

包惠　　　　　　　　　　　　　　孙锡恩

吴阶升　　　　　　　　　　　　　姜易

陆钟秀　　　　　　　　　　　　　瞿应绍（孙）林

施承梁　　　　　　　　　　　　　曹鋆

顾锡弓　　　　　　　　　　　　　李筠嘉（子）仁在（孙）钟庆

乔重禧　　　　　　　　　　　　　王寿康（子）庆勋　庆均

刘枢　　　　　　　　　　　　　　莫树埙

陈炳燧　　　　　　　　　　　　　曹耀翔

徐渭仁（子）允临　　　　　　　　曹树珊

纪大复　　　　　　　　　　　　　马昂

徐克润	胡忠（子）世芳
王锡琳	顾以礼
曹启棠	王森兰
印廷宝（子）文奎	施鳌
李崇基	侯士鹖
李浩	侯承庆
陆培南	张钦之
朱采	毛祥麟
侯敞（子）宝一	黄紫垣
陈亦保	黄纯源
徐铭信	黄益源
吴镣	黄朝鼎
蒋揆	吴洵
沈维裕	蒋节
陈守之	张廷璧
李曾福	夏鼎
胡迺能	史松茂
高第	李炳铨
张绍麟	周树春
钮如林	杨思忠
黄梓	金熙
艾德埙	施澜平
许凤	孙士毂
曹钟坤	陆铭

秦始道	应文烈
张兴芝	沈源（子）学诗（孙）孟镛
王承基（弟）承墡　承录（子）宗寿	朱锡彤
李尚曈	徐晋侯
赵履鸿（弟）履中	唐尊恒
张伟	顾曾铭
萧承蕚（子）云经	西门藻
孙逵吉	郭儒栋
黄锡恭	赵夔梅
王道	潘承湛（子）俊麟
毛树澂	汪涛
戴鸿	徐楗
顾炳钟	苏鲛
袁潮	杜铭
张孝庸	曹钟秀
徐祥（子）杰	沈兆沅
沈景	潘贲
曹基增	石钟玙
王楚玉	王荃
周容	张溁
黄琮	郭庆培
潘崇福	张廉
杨秉汶	周文彬
赵增恪	马昌焕

李秉璋　　　　　　　　　灼三公

续录　宣统辛亥后作古者

曹华　　　　　　　　　　杨隽
王宗毅（从弟）宗骥　　　赵如虎
樊葆镜　　　　　　　　　郁怀智
苏本炎

寓贤

宋
米芾

元
赵孟𫖯　　　　　　　　　邹时昌
高克恭

明
宋克　　　　　　　　　　莫是龙
赵洞

清

吴泰	吴历
鲍历	申兆定
王文治（孙）堃	张玮
顾清泰	沈希轼
张澹	杨建泰
乔协	冯金伯
洪亮吉	李廷敬
改琦（子）簣	平畴
郭麐	孙坤
费丹旭	韩桂
蒋宝龄	龚海
颜炳	胡大文
郭尚先	陈銮
平翰	陈率祖
沈焯	沈炳垣
杨能格	如山
钱元章	郭中孚
宋希轼	姚燮
俞岳	吴宗麟
顾春福	秦炳文
倪耘	包栋
费寿康	朱熊
华翼纶	冯桂芬

周白山

任熊（弟）薰（子）预

周闲

龚橙

叶棯

瞿然恭（弟）然畏（从子）天潢

潘鸿诰（子）恭敏

张鑫

黄裕（弟）铎（子）文瀚（从子）文珪

俞彬

王朝忠

钱松

黄威虞（弟）师虞

董晓庵

殷葆真

王铭新

刘德六

何绍基

沙馥（弟）英

钱凤鸣

项耀（子）寿梓

应宝时

俞樾

高树森（子）雨

任竹君

赵之谦

齐学裘

奚疑

汪蕃

孟耀廷

孙汇

黄海

吴玫

羊毓金

凌德

胡震

张文楣（弟）天翔

廖士铎

徐方增（弟）泰增

刘其清

莫友芝

王礼

杨柳桥（弟）柳谷

尹小霞

吴云

陶绍源

杨岘

闵澄波（子）钊（孙）沄

屠鉴	汪善浩
江亦显	顾鸿
吴鸿勋	吴恒
莫瑞清	金鸿保
吴杰	黄鑫
费仙梅	郑锡麟
江煜	张云士
王希廉	陈还
凌惟一	吴永成
陈琴生	余倩云
顾沄	胡锡珪
胡公寿	朱印然
蒋确	郭福衡
任颐	郦馥
陈允升	戴以恒
戴兆春	李承熊
李奇	黄宗起（子）世礽
张熊	周镛
袁鹤熙	潘鸿
夏华士	孙介石
葛同	钱慧安（子）书城
翁庆龙	朱铨
徐涛	杨伯润（子）起诚
盛烺	范元熙

陆应祥

丘良勋

金德鉴

韦子均

程曾煌

殷浍

汪树镁

廖纶

时乃风

邓启昌

吴格

陶咏裳

朱彝

周峻

高燧

卫铸生

何长治

金继

张国华

唐光照

居福田（弟）福基

吴嘉猷

李文田

袁昶

朱偁

唐培华（弟）培元

江家宝

王冶梅

项焜

祝凤翥

钱元湜

郑惟善

胡寅（子）璋

姚鋆

马涛

胡杰

舒浩

孙楷

汤经常

徐三庚

吴淦

郭宗仪

赵瞳

毛承基

吴善恭

翁同龢

鲁琪光

杨文莹

江标

华世芳

陶焘

陆增钰

管廷祚

吴云伯

汪益寿

蒋笑山

沈铦

臧毓麒（兄）道鸣

凌霞

胡钁

严信厚

吴大澂

殷宝龢

张颐

梅调鼎

王绶章

韩璋

屠兆鹏

潘钟瑞

倪云臞

万钊

茹麓泉

费念慈

姚孟起

徐惟锟（子）善闻

徐鹿

马文熙

吕鸣谦

钟德祥

钟应南

沈祥龙

徐亭

金容

张溶

吴穀祥

吴滔

李曾祚

王廷瑞

王锡祉

许静臣

陈豪

凌砺生

汪艺

秦云

徐维城

陆宗輎

毕兆淇　　　　　　　　　潘志万

顾潞　　　　　　　　　　暴昭

施为　　　　　　　　　　冯锋

沈翰　　　　　　　　　　闵熙

施浴升　　　　　　　　　张度

汪煦　　　　　　　　　　冯壮图

程榜　　　　　　　　　　李超琼

金树本　　　　　　　　　杜连

吴保初　　　　　　　　　沈汝瑾

张行孚　　　　　　　　　吴育

金彰　　　　　　　　　　张子仁

钟明远　　　　　　　　　蒲华

续录　宣统辛亥后作古者

杨葆光（子）昌运　　　　马瑞熙

宋石年　　　　　　　　　樊恭煦

闵泳翊　　　　　　　　　袁树勋

陶濬宣　　　　　　　　　蒋树本

汪洵　　　　　　　　　　胡琪

吴石仙　　　　　　　　　杨守敬

陆润庠　　　　　　　　　巢勋

张祖翼　　　　　　　　　黄杰

熊声远　　　　　　孙廷翰

金尔珍　　　　　　范祝嵩

潘稼梅　　　　　　郑文焯

谢上松　　　　　　许华

黄山寿　　　　　　倪田

恽毓嘉　　　　　　梁鼎芬

陈明远

方外

清

智函　　　　　　　兴彻

普泽　　　　　　　澄照

明照　　　　　　　净子

一泉　　　　　　　振锡

湘烟　　　　　　　如澈

寄尘　　　　　　　铁舟

柳溪　　　　　　　莲溪

望云　　　　　　　虚谷

竹禅（以上僧）　　凤来仪

王涵　　　　　　　张鹤

顾蕳坞（以上道）

闺彦

清

潘淑	归懋仪
王毓曾	叶兰锡
张娳	黄承藻
张绛珠	钱榅素
谢蕙	陆惠
闵氏	程怀珍
陆畹兰	朱鞠
宋贞	李金钧（以上本籍）
毕昭文	董偲
羊文森	钟惠珠
陆兰生	陈慰之（以上客籍）

目 录 CONTENTS

卷 一

◎邑 人　　\ 003
　宋　　　\ 004
　元　　　\ 006
　明　　　\ 007

卷 二

◎邑 人　　\ 037
　清　　　\ 038
◎续 录　　\ 157

卷 三

◎寓 贤　　\ 163

宋　　　　　\ 164
元　　　　　\ 164
明　　　　　\ 170
清　　　　　\ 172
◎续　录　　\ 233

卷　四

◎方　外　　\ 243
　清　　　　\ 244
◎闺　彦　　\ 249
　清　　　　\ 250

顾　跋

卷一

邑
人

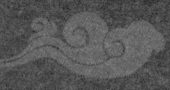

宋

李甲，字景元。善填词，小令有闻于时。画翎毛有意外之趣，苏东坡、米海岳尝称之。坡翁尝题景元画《喜

宋　苏轼　赤壁赋绢本

鹊图》诗云："闻说神仙郭恕先，醉中狂笔势澜翻。百年寥落何人在，只有华亭李景元。"（按：王逢有《游龙江寺寻李景元故基》诗。宋时未县上海，故以景元属华亭，其地实吾邑之海隅乡，至明始析为青浦。）又《柘上遗诗》载景元题画绝句云："谁拨烟云六尺绡，寒山秋树晚萧萧。十年来往吴淞口，错认青溪旧板桥。"

黄庚，太学生。能文，工丹青。宋亡不仕。著有《樵吟集》。

元

任仁发，字子明，号月山。宋咸淳间举于乡。元兵南下，游平章见而器之，辟宣慰掾。委以招安海岛，授青龙水陆巡警官。熟于水利，凡郡境开江置闸，皆主之。并浚治他郡河塘，屡著效绩。累官至浙东道宣慰副使。善书，尤工画。尝奉旨画《渥洼天马图》，宠赉甚厚。又有《嬉春图》，并藏秘监。卒年七十三。

王默，字子章，号伯静。长八尺，美须髯，谈吐高亮，任侠有技能。弱冠折节读书，书法赵魏公，行笔甚健。征至京，书金字浮屠经。拟官翰林，力辞求归，归而求书者交户。父殁，鬻书买山以葬，庐墓久之。著有《雪斋明鉴录》。

宋　任仁发（传）　大豆图

明

　　秦裕伯，字景容，号蓉斋。元至正四年进士，累官福建行省郎中。会世乱，弃官。明初屡征不起。太祖手书谕之，不得已，拜书入朝，授侍读学士，固辞不允，改待制，旋为治书侍御史。寻出知陇州，以疾辞归，卒于长寿寺里。邑令祝大夫碑，裕伯书，在洪武元年。（会稽杨维桢撰文，是碑咸丰十一年毁于西兵。）

张及之，工诗，善草隶。家贫，佣书得钱，供父母甘旨。洪武时，里人郁惟正被征，恐以次相及，乃歌泣佯狂，口纳秽垢。建文立，方正学在左右，及之曰："吾无忧矣。"始复其常。

潘晋，字汝昭。博学好古，精《易》理，书法钟、王。授云南建水知州。

俞宗大，字养拙。居竹冈。从父仲几，工书，与宋克（克见《寓贤》）相友善。宗大得其笔法，工行楷。以荐授中书舍人，历吏部郎中致仕，年九十余卒。子琪，孙顺，皆能书。琪为中书舍人，正统中殉土木之难。顺以邮叙为国学生，仕至南京鸿胪寺丞。

黄翰，字汝申。永乐十年进士，历官山东按察使，决狱如神。诗文豪健，书画皆遒劲，著有《壮游集》。

李澄，字希范。天顺元年进士，终福建左参议。淡泊有守，不慕荣利。书《喜雨亭记》，在弘治二年。（邑人唐瑜撰文刊石，在县署司狱司，今失。）

顾英，字孟育，号草堂。天顺三年举人，授广西同知，寻改延安，后守广南，所在有善政。致仕归筑南溪草堂，赋诗自娱。又出田千余顷为义庄，以赡族人。书《郭邑侯去思碑》，在正德戊辰。（邑人陈肃撰文，碑在县署，今失。）曾孙从礼，字汝由。朗淑有文。世宗狩承天，诏选善书者给事行在，从礼被荐，称旨，授中书舍人，办事制敕房，兼翰林院典籍，侍经筵，历官光禄寺少卿，致仕家居。邑因倭乱，议筑城，从礼出粟四千石，作小南门。书《正阳道院记》，在嘉靖丙辰。（邑人潘恩撰文。）从曾孙从义，字汝和，号研山。好文爱士，吴越间推为风雅薮泽。著有《研山山人诗稿》《荆溪唱和集》。尝摹刻柳诚悬《兰亭玉泓馆》《兰亭十七帖》《右军兰馨帖》，并撰《法帖释文考异》十卷。（《文渊阁著录提要》云：此乃所作淳化阁帖释文，于前人音注，辨其伪谬，析其同异，依帖本原次勒为十卷，手自缮写而刊行之。）

赵松，字天挺。家陈村。弘治六年进士。弱冠时童试不售，归就婚郡城。经学院门，值新进士进谒，随入，观诸生行礼，松独挺立。督学使者见其气度殊众，令诵试作，并启帽谛视，深器之，补送入学。是秋，领乡荐，历官太常寺少卿。书《曹邑侯德政碑》，在嘉靖十七年。（邑人唐锦撰文，陆深、潘恩等立石。）

章瑾，字公瑾。能诗，草书法二王。尤善画，或顷刻可就，或数日不著一笔，盖畸人也。

　　顾应文，字石泉。善画人物、山水及神仙、道佛，超然脱俗，识者贵之。宣德中征至京，未几谢病归。

　　璩之璞，字君瑕。楷法妍雅，善画山水，兼翎毛及水墨花竹，笔致矜贵。精于摹印，在吴门文氏伯仲间。人品高洁，不慕荣利，时论多之。有诗稿。

　　陆平，字以和，号竹坡。真行草书，皆有晋、唐风致。子深，字子渊，号俨山。幼有器识，弘治十四年举应天乡试第一，以二甲一名进士改庶吉士，授编修。时刘瑾嫉翰林官亢己，悉改外，深得南京主事。瑾诛，复职。工书，仿李北海、赵松雪。品骘古今，赏鉴书画，博雅为词林之冠。历官至太常卿，卒赠礼部右侍郎，谥文裕。著有《俨山集》《行远集》。玄孙琦，字舜陟。书法妍秀，出入苏、米之间，董文敏深器之。邑中石刻多文裕手笔，如行书王元章《梅花诗》（向藏李氏吾园，今无考），兼葭堂草书大字格言四幅（为甥黄良器书，刻石藏同善堂东厢，今无考），又《草书帖》，又《片玉堂词翰》十二册，前五册文裕书，后七册琦书，崇祯庚辰锓木。（岁久版蚀，且有阙佚。嘉庆初，裔孙庆循重为校定，尚得六册，今并无考。《南吴旧话》云："文裕公少时作小楷极精谨，自谓有黄庭遗教意，然不能离赵吴兴也。行草法李北海，出入吴兴，晚年尤妙。"《移愚斋笔记》云："文裕公书法无一笔苟。虽寻常人语施于所亲狎者，亦精审道密，有二王遗意。"）

张拙，字汝吉。能诗，善篆隶，隐居不仕，陆文裕引为社友。

张电，字文光，号宾山。书宗李北海。以布衣从陆文裕游京师，夏相国言见而器之。令书御制《集礼》序，世宗嘉赏，遂由儒士入史馆供事。时建皇史宬（皇史宬为大内贮列圣御笔、实录、秘典之室），命电题额，诏赐金币，授鸿胪寺序班，迁中书舍人，累官至礼部左侍郎。朝庙典册，必使电书。凡行幸游晏，未尝不从，赐予优渥。自布衣跻卿贰，始终恭敬善藏，故受知眷最深。卒于官，赠工部尚书。书《王雅宜诗》《消痁帖》《千字文》，均有刻本。

浦泽，字时济。农家子，少读书，终身不娶。与张电同受书法于陆文裕，能穷古人波磔之妙。喜任侠，常游吴、越、燕、赵间，不干时贵。晚归僦尘僻地，惟法帖百卷，偃仰其中。

顾斗英，字仲韩。诸生，少负隽才，屡摈于乡举，

一念之急萬情之欝一日之荒萬幾之缺粵稽往古惟
何以勤政此心常迅感福必攬無參吾慍聽覽必公無恢清問廉敬
扣文求交考古問津晝為宵得靜養瞬存毋曰深居不廢聽斷九重
毋曰索處不報討論便辟易志冶艷泪真講邑濟濟格論斷斷召對
戶樞不朽流水不漾法天行健諒哉絑牒主不勤勵眠日光多曲房
主不勤勵陰陽或易天之晼明人之感斷日出而作日入而息自古
問閻之積宗社之貲有無不言少府何私主不勤勵愛憎恐懼顧指
湯敬曰驕盤盂勤詞武敬勝怠凡杖得師

知制誥
　　日講官翰林院編修臣董其昌奉

勤政勵學箴

太極構天大寶首物健惟不忘動故不屈一相戒惟時惟幾政已風動猶思粥違學已就中猶慮危微何而存不振而奮何以勵學此心常純外自講筵內達重闈扣繡幕恒舞酣歌豈不愉快恐戰天和三風十愆聖哲所訶主盛典欽哉慎遵毋曰勤勞有妨珍攝此身康寧競業兢嚴遂三接猶判一念不新犀情必澳辰午二朝休哉舊貫貫毋聖王宵衣旰食主不勤勵民瘼恐遺寸絲粒粟億兆膏脂間拂心榜箠任意敢不受哉其情實慟烏窮則啄獸窮則驚湯聖主好善時命箴規小臣秖承敢告有司

勅撰并書

明　文徵明　浒溪草堂图

益磊落不羁，穷服馔声色、园林竹木之美，选胜宴游，座客常满。工书画，善弈，能鉴别古器、图书。诗有盛唐风格，与华亭莫廷韩风流文采相颉颃，人称云间二韩。著有《小罗庵诗集》。子昉之，字彦初，亦工书能诗，有《拾香草》。次寿潜，字旅仙，性孤介不求闻达。善画，见赏于董文敏。著有《烟波叟诗草》。

童时，字尚中，号后江。诸生，居龙江。工画，精鉴别。嘉靖间著《皇明画史》三卷。尤长于诗。弟冕，字尚周，号后齐。善楷书行草。

姚章，字尚䌷。少厌举业，工诗，有陶、谢风。书法宗山谷。尝爱荆溪、阳羡间山水幽胜，遂移居焉。又至采石之红木山，市地结庐，栖息其中。卒年八十四。

嘉靖间，观风使者陈九德以逸民旌之。著有《玉崖诗集》。

张允孝，字子游，号贞白道人。晚更名初，字太初。行草宗右军，诗有陶、柳致。与文徵明友善。晚年以亲墓在沙冈，遂移居枫庵，四十年不入城市。竹篱茅舍，屡空晏如，时称云间伯夷。兼精篆刻，郡之识别图印，自贞白始。

乔一琦，字伯圭，号原魏。貌奇伟，膂力过人。万历三十一年中武举，而天才卓绝。于书无所不窥，诗、古文皆奇警超拔。少时以侠行入狱，即狱中学怀素草书。比岁得白，而书已成。被荐授辽东广宁尉，备兵滴水崖，尝书大字于石曰"镇星之精"。方广寻丈，凌空矗立，远

明　文徵明　绿荫草堂图

明 文徵明 千岩竞秀图

明 文徵明 山庄客至图

明　文徵明　携琴访友图

醉墨淋漓湿未乾掃雲犀玉
倚秋看別来鄉舌空明月魄
庭長凍笛裹寒 徵明

書窗浄謝翠琅玕倚
向真一耐歲寒性底□
天解暗使清標瀟洒
拂雲漢
　　　　　　雪前泠

玉蘭堂上寫琅玕只作吳典老可
看一夜秋風動寒廊緑雲零落
鳳走寒　　　来聚

徵明

明　文徵明　墨竹圖

明　文徵明　山水立軸

近见之。寻署游击将军,以壮卒五百人监朝鲜军,入宽奠口,与清兵遇,数十战,援绝败走,投崖死。诗集有《故艺稿》,字迹有《乔将军草书帖》。自写诗十八首,寄其弟仲安,前有门下丁远写像。(康熙三十年,乔起凤录丁远传,附于书帖后。乾隆二十七年,同里叶凤毛跋。二十九年,从曾孙光烈跋。向藏乔氏家祠,缺其一。同治七年于土中得之,巡道应观察宝时购置也是园。八年郁熙绳请复乔氏旧物,购置借园,今无考。)

明 文徵明 万壑争流图

丁远，字自迩。立品高洁，精绘事。从乔一琦游，尝作《俺答欵关图》。一琦战败死，自迩归隐西郭，图一琦像，瓣香奉之，终身不倦。子日章，字伯含。亦以画名。孙世武，字汉功。世禄，字逢吉。世绪，字昭服。并妙传神。

朱国盛，字叔韬。万历三十八年进士，历官太常寺卿。善山水，得小米笔意。董文敏题其画云："叔韬作米虎儿墨戏，不减高房山，阅此欲焚吾砚。"其推重如此。

沈藻，字凝青。善书。以父度荫为中书舍人，历礼部员外郎。孙世隆，字维昌。以善书承其家学。奉召至京，试《中庸》义，楷书《早朝》诗称旨，授中书舍人，直内阁，典制敕文字，与修国史。忤刘瑾罢。瑾诛复原官。

陆友仁，名辅，以字行。善楷书。官中书舍人，迁礼部主事。

徐光启，字子先。万历十五年乡举第一，以进士入词林。负经济才，有志用世。尝从西洋人利玛窦学天文、历算、火器，尽其术。遍习兵机、屯田、盐策、水利诸书。时事方急，累疏请练兵，格于时议，志不得展。至崇祯时始柄用，累官至礼部尚书、太子太保、文渊阁大学士。卒谥文定。书《许邑侯省役便民碑记》，在万历戊戌。（邑人黄体仁撰文。）著有《农政全书》。

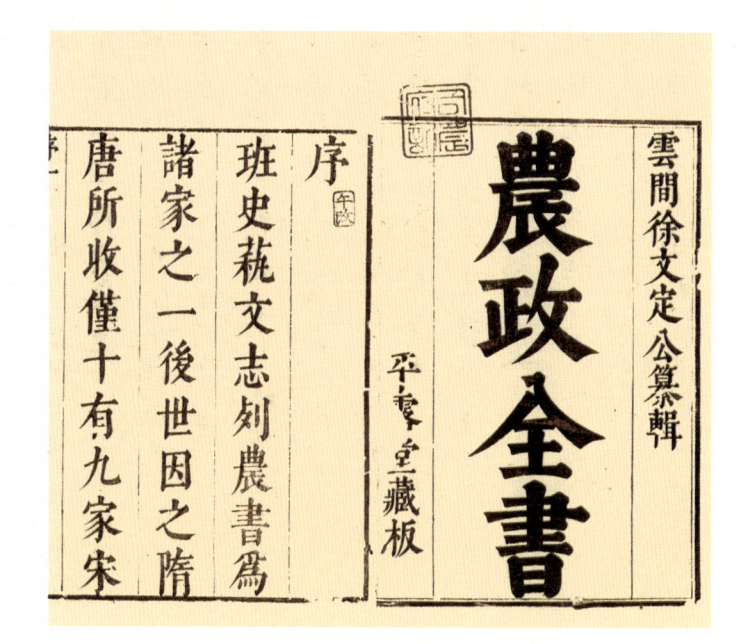

农政全书

胡维霖,字国雍。工真草书。神宗时,太后给高丽磁青笺,敕写《金刚经》成,赐赉有加。当国者欲引前尚书张电故事荐用,维霖固辞。子训之,字无竞。能世其学,凡廨庙颜额,多出其手。

董其昌,字玄宰,号思白。生邑之沙冈,万历十七年进士,入词林,充日讲官。因事启沃,见知光宗。天启时,政在阉竖,深自远引,不激不随,故得免于党祸,累官至礼部尚书。书画名满天下。书宗襄阳、吴兴,错

内外有倉廩澤及後世子孫長享
今則不然聖帝德流天下蒙帽諸
矣賓服威振四夷連四海之外以為
帶安於覆盂天下平均合為一家動
發舉事猶運之掌賢不肖何以異
夫邃天之道順地之理物莫不得
其所故綏之則安動之則苦尊之
則為將卑之則為虜抗之則在青
雲之上抑之則在深淵之下用之則
為虎不用則為鼠雖欲盡節效情
安知前後夫天地之大士民之眾竭
精馳說並進輻湊者不可勝記悉
力慕之困於衣食或失門戶使蘇秦
張儀与僕並生於今之世曾不得掌
故安敢望侍郎乎傳曰天下無害災
雖聖人無所施才上下和雖有賢

之蓋聖人之教化如此欲其自得之自
得之則欲且廣矣今世之處士時雖
不用塊然獨居廓然無徒廓然獨處
上察廊廟忠合于昏天下和
平与義相扶寰偶少徒固其時也子何
疑於余哉夫蘇之用樂奏之任李
斯鄭食其之下齊說行如流也德如環
所欲必得功若丘山海内定國家安危
遇其時者也子又何怪之耶語曰以管
窺天以蠡測海以莚撞鐘豈能通其
條貫考其文理察其音聲哉由是
觀之譬猶鼱鼩之嚇虎豹之咋至則
靡耳何功之有今以下愚而非處士
雖欲勿困固不得已此適足以明其不
和權変而終惑於大道也

其昌書

答客難　東方朔

客難東方朔曰蘇秦張儀壹當
萬乘之主而身都卿相之位澤及
後世今子大夫修先王之術慕聖
人之義諷誦詩書百家之言不可
勝紀著於竹帛脣腐齒落服膺
而不可釋好學樂道之效明白甚
矣自以為智能海內無雙則可
謂博聞辯智矣然悉力盡忠以
事聖帝曠日持久積數十年官
不過侍郎位不過執戟意者尚有
遺行邪同胞之徒無所容居其故
何也東方先生喟然長歎仰
而應之曰是故非子之所能備彼
一時也此一時也豈可同哉夫蘇
秦張儀之時周室大壞諸侯不

召聖人無所施才上下和同雅有賢
者無所立功故曰時異事異然安可
以不務備身乎詩曰鼓鐘于宮
聲聞於外鶴鳴九皋聲聞于天苟
能修身何患不榮太公體行仁義七
十有三乃設用於文武得信厥說封
于齊七百歲而不絕此士之所以日
夜孜孜修學敏行而不敢怠也譬若
鶺鴒飛且鳴矣傳曰天不為人之惡
寒而輟其冬地不為人之惡
險而輟其廣君子不為小人之匈匈而易其行天有
常度地有常形君子有常行君子
道其常小人計其功詩云禮義之不
愆何恤人之言水至清則無魚人
至察則無徒冕而前旒所以蔽聰明黈
纊充耳所以塞聰明有所不見

综晋、唐诸帖，自成一家。山水胎息宋、元，行以己意，潇洒生动，为当时第一。尤精于品题，收藏家得其片言只字以为重。性和易，通禅理，著述甚富。论画之作有《画禅室随笔》，石刻书帖曰《玉烟堂》。崇祯九年卒，年八十二。赠太子太傅，谥文敏。邑志《艺文》载《吕侯修城记》其昌书，咸丰五年，陷入大东门城脚。（近年拆城筑路，撤除城基，是碑迄未之见。）《妙法莲花经》七卷，在法华观音无梁殿，殿毁散失，存二十二石藏于寺。（按《明史》本传：其昌，华亭人。即凡金石自署皆曰华亭。而《华亭志》则曰："上海董家汇人。"李绍文《云间杂志》云："思白为诸生时，仅瘠田二十亩，区人亦令明充役，致弃家远遁。后登翰林，且别其籍。"则思翁本为邑人可证。邑有董园在城西，即拄颊山房，思翁所筑，亭榭清幽，竹木明瑟。有池一泓，思翁洗砚于此。墙有石刻"溪山清赏"四字，为祝允明书。后地为他氏所得，犹名董家宅，沪人鲜有知者。）

潘云龙，字云从。弱冠入成均。选授内阁中书。邑中六体《千字文》《淳化阁帖》《兰亭十八跋》，皆云龙旧物也。跋尾字工致如文徵明。

吴易，字素友（一作素侯）。董文敏门下士也。书画得其神髓，文敏见之亦莫辨真赝。崇祯时授文渊阁中书舍

春至鶴鶊鳴薄言向田墅不能自力作黽勉娶隣女旣
念生子孫方思廣園圃開時相顧笑喜悅好禾黍夜
夜登嘯臺南望洞庭渚百草被霜露秋山響砧杵却
羨故年時中情無所取

語云人不婚宦情欲減半此詩末句以娶爲事殆不知正是高士本色程康詩
田園樂未有及者
甲戌秋日八旬翁董書

明　董其昌　山水图轴

明 董其昌 疏林远岫图

明　董其昌　潇湘白云图（全卷）

明　董其昌　仿黄子久江山秋霁图卷

憶溪秋光澹
眼覩大癡咋
夜入精神思
翁為堂自卷
舒叶絵裴翩
懐古人
乾隆戊寅冬題

明　董其昌　林和靖诗意

人。后游四方，卒于粤。

吴泰，字延之。书画均精妙，为董思翁、陈眉公所推重。著有《研庐稿》，摹董迹为帖，亦名《研庐》。精岐黄术，明末征为御医，归隐郡城。

叶有年，字君山。工山水，宗孙宏。足迹遍天下，得名山大川之助。肃藩闻其名，聘至秦，绘图筑院，名胜甲八都。

傅廷彝，工擘窠书，入晋、唐之室。

方叔毅，字百里。工写人物，神气生动。尝游钱塘，担荷者窃其行李逸去。乃写其形，揭之城闉，见者皆曰是某坊陈二也，因捕得之。

陈曼，字长倩。诸生，有声几社。性高洁，有倪高士风。甲申后寂处林间，以画为事。画宗二米，饔飧寄焉。

沈白，字涛思，又字贲园，号天佣子。父求。耿介不妄交游，绝意进取。即父隐居地筑结绳书屋，歌啸其中。书法清逸，诗有奇致。奉父像，晨起必拜，饮食必祝，终身不少变。卒年七十八。著有《樗亭集》《均役碑》及《吴淞江考略》。

莫秉清，字紫仙，号葭士，是龙孙。（是龙华亭籍，寓沪焉。子孙籍上海。）诸生，工书法，力摹晋人，并能画，善铁笔。门人吴徽枀以为孤梅铁干，猗兰芬芳，雪淡风高，与俗径庭，为得其概。明季避兵浦东，易道士装隐焉。诗古文词，具有高致。自号月下五湖人，著有《采隐草》及《傍秋轩文集》。

唐醵，字去非。诸生，好静，矜名节。居闵行玉笙楼，闭户二十年。工写花鸟、墨沈牡丹。

李蕃，字价人。工山水、人物。平居惜墨如金，不轻下笔。独叶忠节、李待问《九歌法帖》、东皇太乙诸像，皆出其手。

邢国美，字东凡。弃产营书，自比李永和。闭门绝交游，凝尘满榻，啸歌自适。画人物，得吴小仙笔意。年九十九，除夕作团圞饮，立饮数杯，笑曰："人生何必定称百岁翁，当留有余不尽。"抱膝而逝。时崇祯十年也。

侯孔释，字季如，号四未。诸生，家诸翟，工书法。弟孔鹤，学神仙术，不入城市。工诗善书，而画尤精美。草书有《白村堂帖》。卒年七十四。

何三杰，字士律，号忆岩居士。善山水，兴酣落笔，逸趣横生，晚年益精进。从子万仞，字君山。书画有心得，力学早世。

夏五吟梅圖

芳洲先生舊居溪清亭曰話芳
頻植梅木之勝事玄老徑一秋五月
花開物華一時名流咸集紛紜文燕
年丑間事也距今五十餘年房余
補圖因志夙集俾向日勝觀恍
然心目二佳話也
康熙甲午五月村煙戲識人王蓁誠

卷二

邑
人

清

黄中理，顺治时诸生。雅尚高旷，居贫，器用多以匏，自号九匏道人。工画墨牡丹。年至八十余。

乔世埴，字子方，号遗民。工诗古文词，尤精八法，为几、复二社耆宿。九试不售，筑西郊秋爽园，啸傲其中。顺治十五年以岁贡廷对，未官卒。著有《玉版阳秋》及《纫兰草诗集》。

张锡怿，字悦九，号宏轩。工书法。顺治十二年进士，授泰安州知州。著有《张子近言》《漫游随笔》等集。

沈嘉森，少孤，事母孝。精小篆，工诗文。

叶映榴，字丙霞，号苍岩。顺治十八年进士，授庶吉士，转礼部郎。康熙二十四年，授湖北粮道。会裁总督缺并裁标兵，兵噪，向抚辕索月粮不得，谋为乱，逐巡抚。映榴冒刃劝谕不应，被胁困孤城，以老母属妻，易服遁出，即缮遗疏，北向九拜，升公座，骂贼自刎。

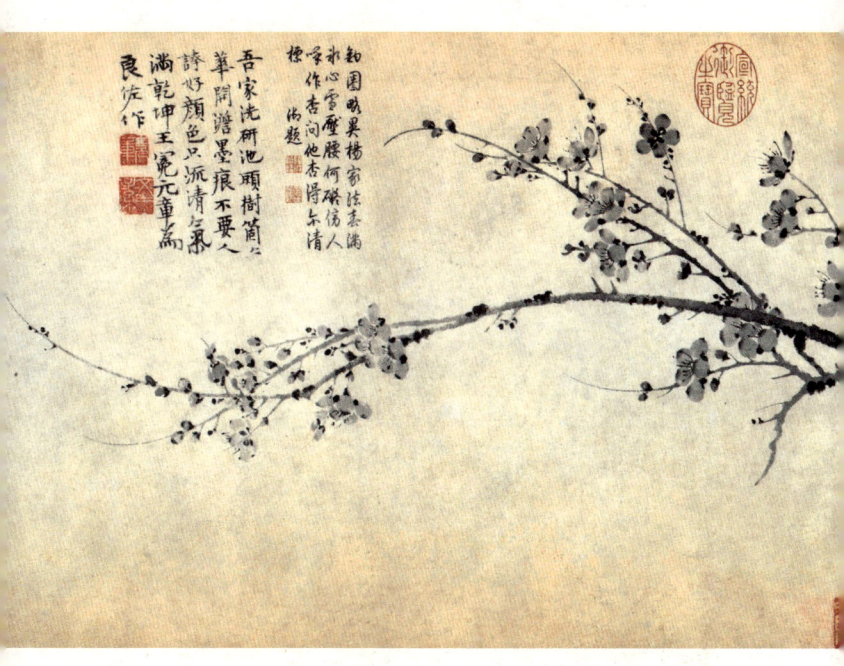

元　王冕　墨梅图

赠工部右侍郎，谥忠节。工书，长古隶，并善山水，苍古似石田翁。子敷，字来青，号南田，别号云巢散人。康熙时诸生，善绘事。以难荫补荆门郁林州知州。任永康时，歼土寇渠魁，余党惊散。民居火，延官廨，吏如故事请加耗，弗许，变产以偿。仕至沂州府知府。孙凤毛，字超宗，号恒斋。以忠节子孙召见，授内阁中书，

元　王冕　幽谷先春图

转典籍。山水学王翚，写生学恽格，真草得晋人遗意。诗古文词均隽妙。著有《说学斋诗文集》。曾孙满林，字伯华。善山水，写兰亦妙。十岁已能作画，早卒。满林弟滋大，后名支大，字仲恢。画梅学王元章，尝写梅花小幅，凤毛题诗于上云："父子俱画梅，功力悉相敌。学得王元章，不愁无饭吃。"其风趣如此。从子自尧，字偕莱。善画山水，真率得云林意致。从曾孙承，字子敬。雍正丁未进士，以常山县知县改池州教授。山水笔意灵秀，能书，尤善小楷。著有《松亭集》。（忠节公书画，县志阙载，曾见李氏平泉书屋藏有山水小帧，寒家亦藏有隶字楹联。）

叶长源，字天来。能书，工幼科医。康熙丁亥，圣祖南巡，长源写隶书《圣主御宇颂》百韵，蒙奖赏。

顾昉，字若周，号晚皋。幼年嗜画，无所当意。迨壮入都，见王翚画，悦服而师事之，与杨子鹤左右随侍。时宋骏业集名手绘《南巡图》，翚总其事，昉遂尽得其秘。山水追踪元四家，得董、巨神髓。后卒于赣南。

张照，字得天。生浦东三林塘，后迁郡郊，隶籍娄县。幼禀异质，读书日诵千言，能模历代名家碑帖作擘窠书。十三补诸生，随父京师，入国子监。康熙四十七年，领乡荐，明年成进士，入词林，累官至刑部尚书。

清　王翚　溪山行旅图卷(全卷)

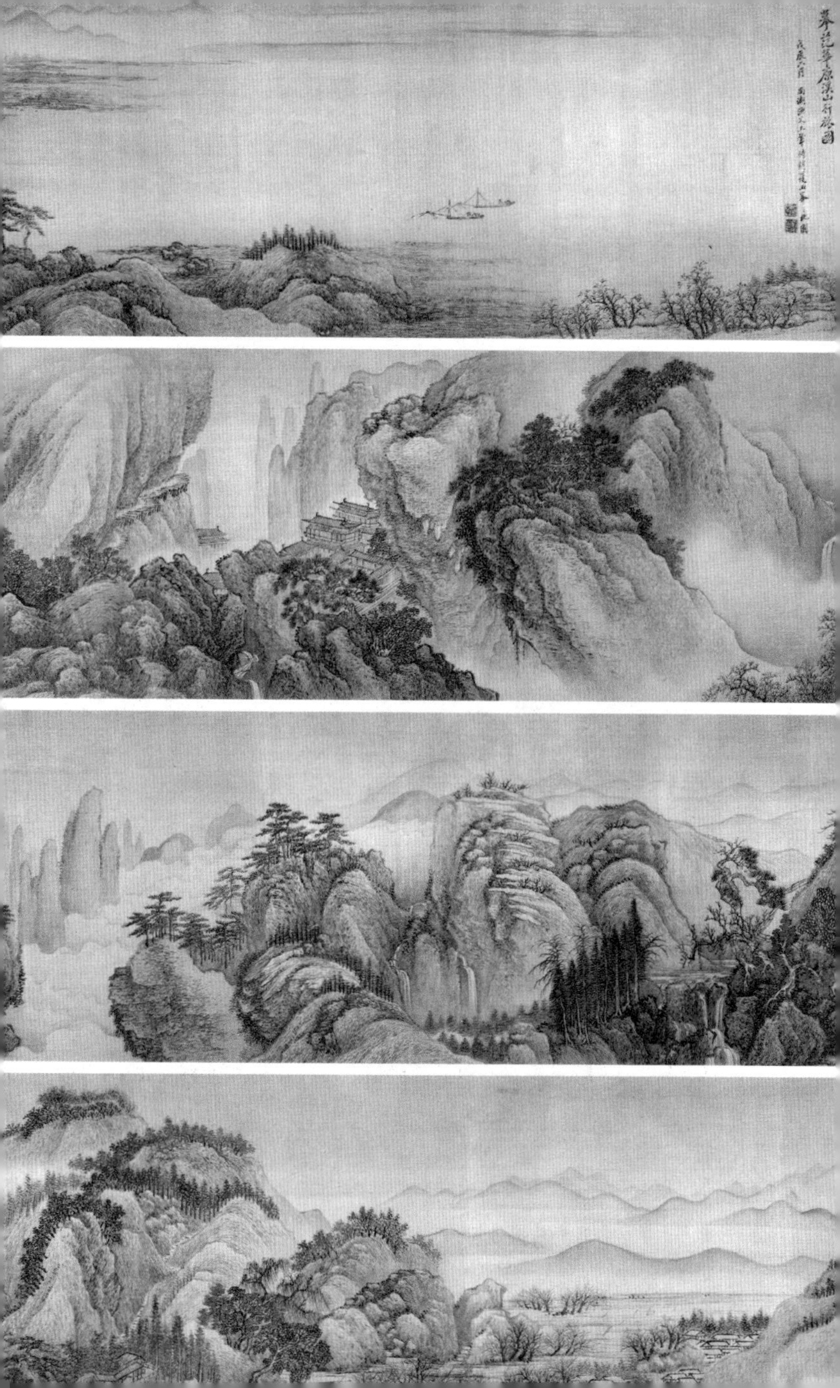
摹范華原溪山行旅圖

清　王翚　夏五吟梅图

清　王翚　晚悟秋映图

清　王翚　山水朱兰和燕温归图

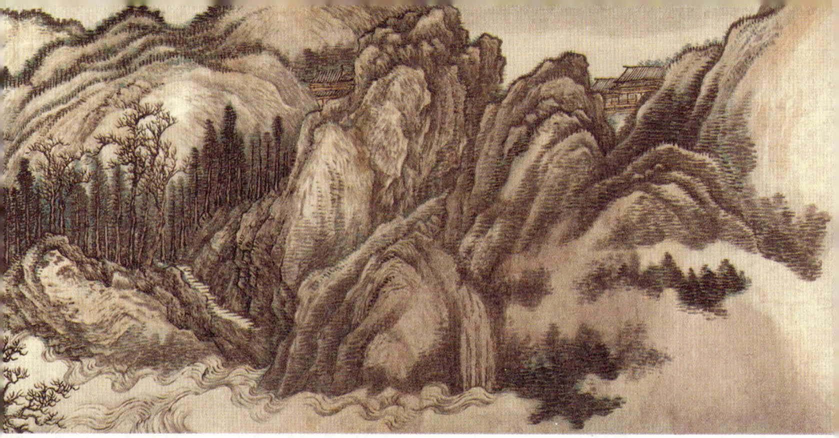
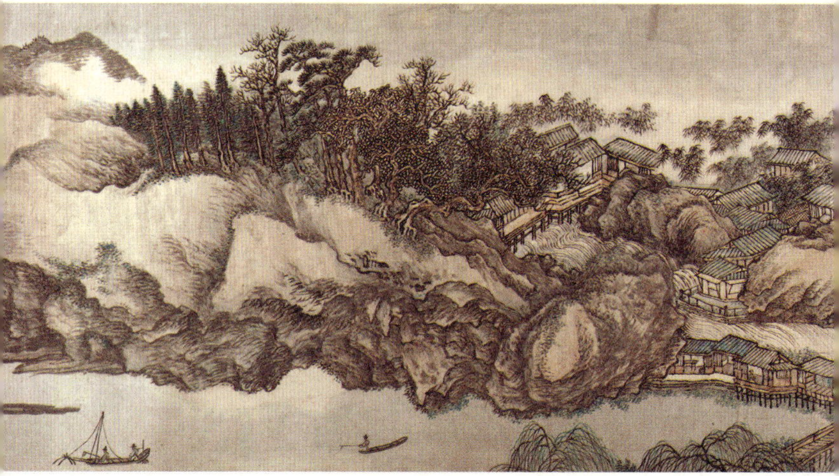
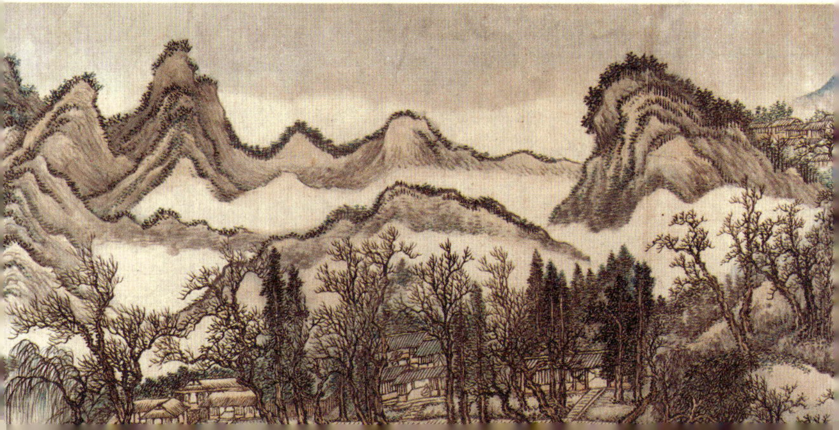

清 王翚 山窗封雪图

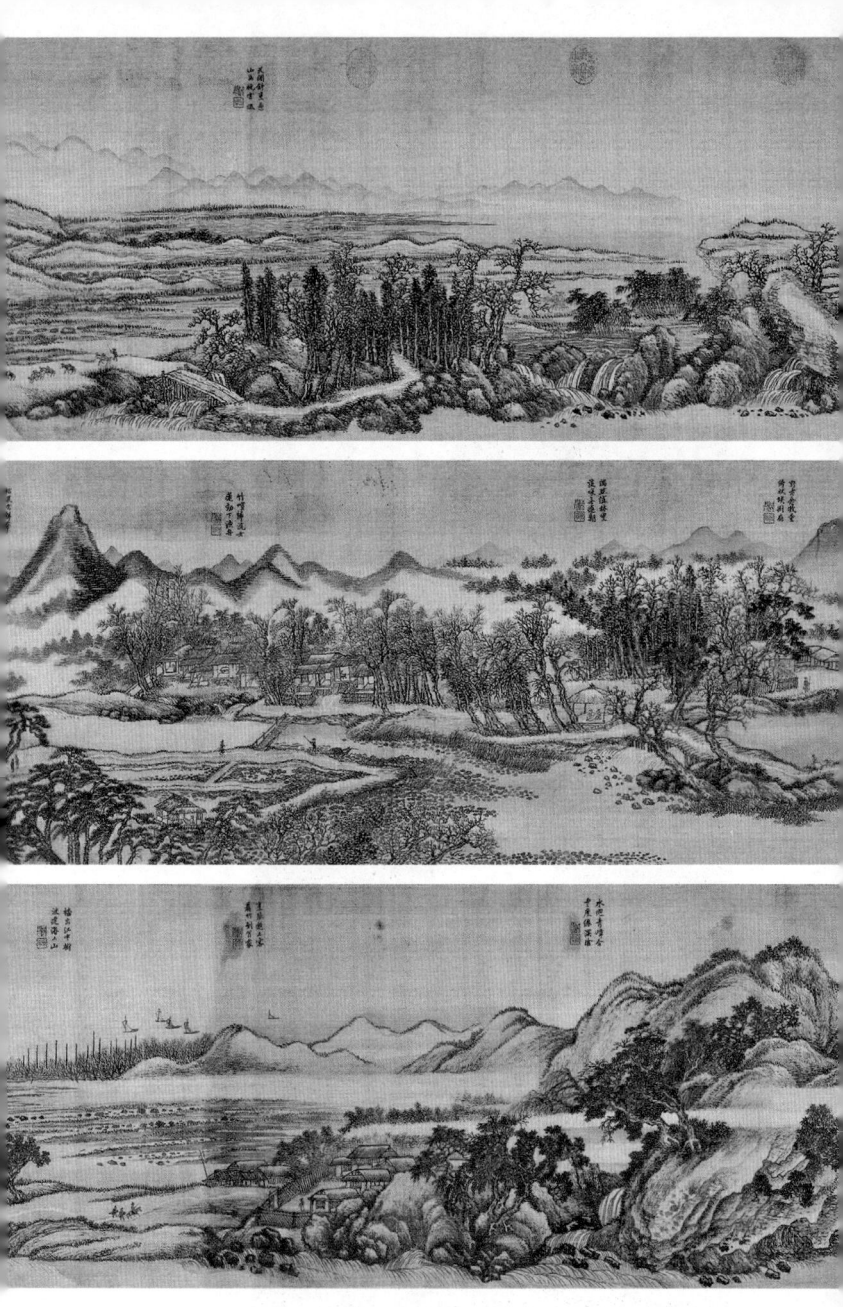

清　王翚　唐人诗意图卷

宋　巨然　层岩丛树图

051 卷二

宋 巨然 湖山春晓图

宋 巨然 溪山兰若图

宋 巨然 山水图

书法雄跨当代，屡蒙宸奖。卒年五十五，谥文敏。（"生浦东三林塘"云云，盖据《瀛壖杂志》。公既隶籍娄县，本邑志亦不载，似不应拦作邑人。惟既生三林塘，发祥之源仍在本邑，故竟录之。）

萧诗，字中素，号芷厓。工诗文，善书画，精音律。隐于匠，尝言曰："我匠氏也，衣食足以自给，诗酒足以自娱，丝竹、丹青足以悦目，高贤良友不远千里而至。人生之乐，莫逾此矣。"达官长者投以篇什俱不报。著有《释柯集》《南村诗稿》。（《渔洋诗话》云："中素隐于木工，博学善诗，其警句云：'辽海吞边月，长城锁乱山''山寺落梅伤别易，天涯芳草寄愁难'。从学者甚众，而执艺如故。"）

徐允哲，字西崖。诸生，书法以晋人为宗，游戏于丹青，得宋、元诸家法。工诗古文，王士禛、冒襄、钱金甫、周金然辈皆目为畏友。著有《申江集》，毛奇龄序极推重之。

瞿渟，字瀛若。康熙时诸生，后选凤阳县训导。博学工诗，善书法。并精武技，得异人秘授，与甘凤池齐名，而性循谨，若无能者。

闵为钰，工吟咏，以善画名。（《海曲诗钞》作闵钰，字庚西，号鲈香。）

周铨,字纬苍。康熙时诸生。甫弱冠,父殁秦中,数千里匍匐扶榇以归。母老,卖文供甘旨。工诗,穷力追新,戛戛独造,为姜宸英入室弟子。书法王大令,名重于时,有小周郎之目。著有《映古堂诗文集》八种。子其永,字涵千。工书,少变父法。画山水、人物、花卉都有逸致。性怪僻,书画不轻予人。尝扃户以绝求者,而令邻妪锁之,仍自握其钥。客来,欲纳者从门隙出钥,俾其人自启,否则以司钥者不在辞。工诗,著有《二云山人稿》。从子其大,字涵百。书酷类铨,早卒。

朱淇,字武瞻,号蕺山。诸生,博雅能诗,工书法,临米海岳可乱真。著有《听雪庐稿》。

凌如焕,字琢成,号榆山。康熙五十四年进士,入词林。工草书,诗宗陶、白、苏、陆。性孝友,少时割股愈母疾,贵后财产与兄共之。仕至兵部左侍郎。诗古文词著作甚富。

张玠,字友白。有文誉,历南北乡闱十九试不遇,遂肆力于诗古文词,尤工草书。父母殁,居丧三年,不见客。

朱霞,字赓方,号初晴。康熙时岁贡,授高邮州训导。工诗文,善绘事。用笔超迈,设色写生,得徐熙笔意。尤长草书，尝应鄂文端尔泰聘，订定《南邦黎献集》。著有《星研斋吟草》。

曹炳曾，字为章，号南巢。有至行，乐为义举，工书。孙锡黼，字诞文，号菽圃。能书，博学，工诗，著有《碧藓斋诗集》。

曹一士，字谔廷，号济寰。康熙时诸生，雍正八年成进士，由翰林擢御史，寻转工科给事中。所陈多切时要。工书，文章名海内。著有《四焉斋集》。

刘梦金，字勇来。康熙时诸生，质直尚气节。工书善医，诗文胎息入古。遇俗士弗交一言，游京师，朝贵争致门下，避弗通。以明经终。

蔡嵩，字宣问，号中峰。康熙五十二年进士，入词林，官至宗人府府丞。工书，初法柳公权，后参董思白，苍秀超逸，为浦东书家之冠。从子兆昌，字思旦。雍正元年进士，博学工书。兆时，诸生，工行草。

曹培源，字浩修，垂灿孙。康熙时诸生，王侍郎原祁馆甥。绘事肖妇翁，而稍变其法，鉴赏家有冰清玉润之誉。著有《同兰馆诗集》。从弟培秀，字玉川。性谨厚，不染时趋。画师黄子久。

唐城，字建封。曹培源甥，从受画法，用笔酷似其舅。

清 王原祁 高岭平川图

清　王原祁　辋川图卷

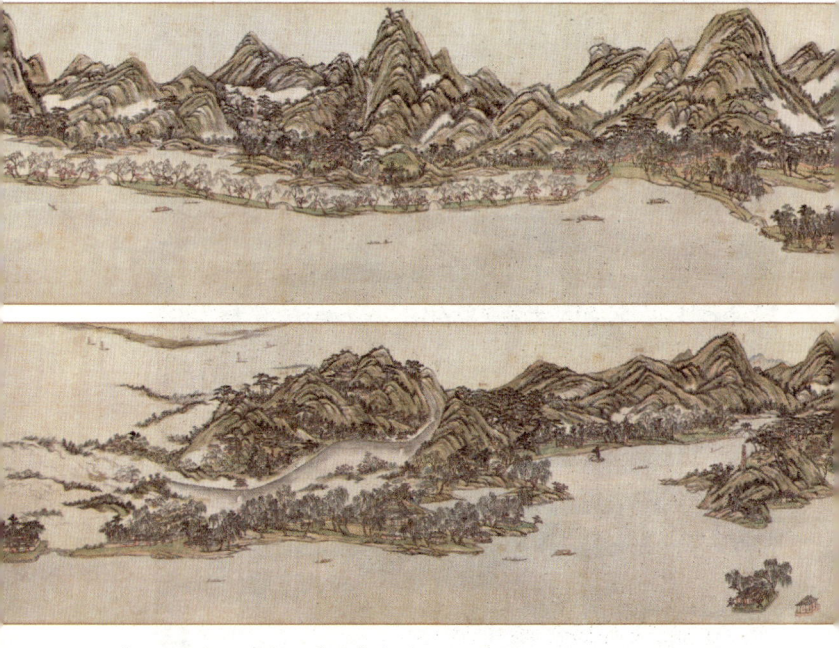

清　王原祁　西湖十景图卷全图

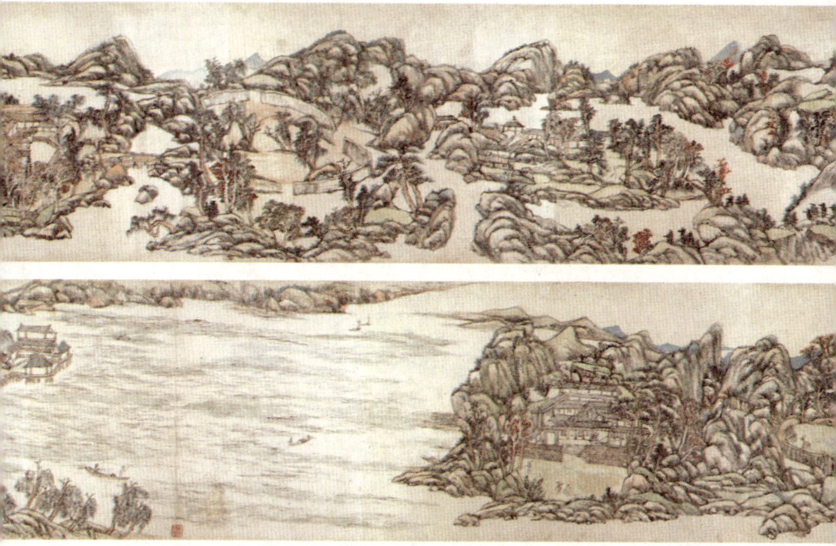

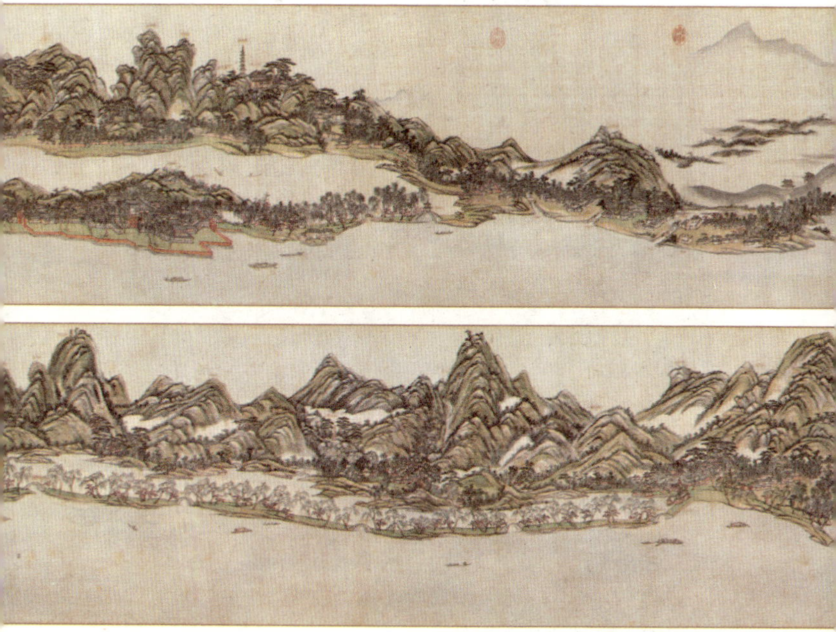

清　王原祁　春峰翠霭图

清　王原祁　山中早春图

清　王原祁　仿王蒙夏日山居图

元 黄公望 丹崖玉树图

元　黄公望　富春山居图完美合璧卷（剩山、无用师）

甘露富春山居圖為ünder子久
畫中之冠舊藏吳問卿
家嘗聞其火殉
數燼餘僅存此本
知其沉鬱過人閱歷
伏寅春二月上幹
沈王時叙叔奉於
沉王子明屬書記之蓋
之毀也華亭董其昌
南田惠家藏華原
本山記共趙志行此
平畔曾記黃雲何於
春山記其趙志行此
平崇禎紀元戊辰於

元 黄公望 天池石壁图

曹杰士，字电发。附贡生。敦品力学，书学赵文敏，得其神髓。叶凤毛极爱其书，寸纸尺幅皆收藏珍重。子锡璜，字伯熊，号书圃，诸生，工书，善谈倾一座，虽老生宿儒莫能难。并精壬遁术。从子锡爵，字

元　黄公望快雪时晴图（全卷）

廷谏。书宗赵文敏，晚学二王，兼擅题榜字。年八十余犹作小楷书，每日得数纸，无倦色。

毛汉齐，字奕苍。博学能文，工诗精楷法。雍正元年岁贡。

张泌，字长源。诸生，工诗古文词，善书，真草兼长。

贾淞，字右湄。诸生，敦品绩学，能诗善画，山水得董思翁秘。著有《独学编》《燕云集》。

金永，字式方。附贡生，能诗文，善擘窠书。居筠溪，屋后有宋时罗汉松一株，因又号松南。从子诗，字孟传。诸生，有学行，能医好施，亦善书。尝临《圣教序》，勒石。卒年八十一。

滕开基，字晋师。能诗，善画，工山水。性爱菊，所栽多佳种，花时罗列一室，纵客游赏，晋接无倦容。

顾行，字书绅。隐居城南，莳花种竹，善摹晋、唐名帖。年九十犹作小楷，远近称之。

侯艮旸，字石庵。工书，善画驴。画用草书法，别出新意。山水亦苍秀。

陆济，字公谦。画宗小李将军，点染人物极工。著有《画史》。子天锡，字思顺。武庠生，制行端方。工书，得赵吴兴三昧。年八十余，犹临摹不倦。孙文然，

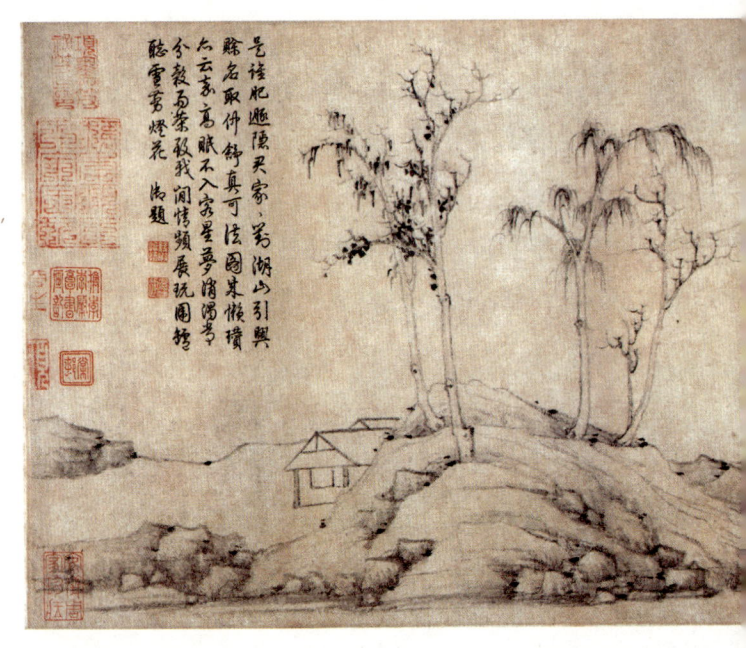

元　倪瓒　安处斋图卷

字裕可。亦善书画，能世其家。培厚，字德载。书宗赵吴兴，雄健处兼得颜平原之秘。（邑志《艺文》：济曾孙永坚，字吕班，著《醉余画谱》。）

孙锡海（一作锡梅），字象可。画山水人物，笔致浑厚。

王睿章，字曾麓。善铁笔，与莫秉清、张智锡相鼎峙。卒年九十八。有《醉爱居印赏》。子冈，字南石。善绘山水，极高古。尝游京师，为董文恪邦达客。凡画苑供奉之作，半出其手，得意处近似倪云林。兼工禽鱼花卉。

元　倪瓚　疏林圖

元　倪瓚　梧竹秀石图

072　海上墨林：大师眼中的海派画家

元　倪瓚　紫芝山房图

元　倪瓚　秋亭嘉樹图

元　倪瓚　幽澗寒松圖

元　倪瓚　古木竹篁图

张智锡，字学之。精篆法，以铁笔见称，得秦、汉印章法，浑厚遒劲，有虿尾盘屈之势。

孙致弥，字恺似，号松坪。康熙中以布衣赐二品服。

宋　陆游　行书自作诗卷（全卷）

采诗琉球诸国，累官翰林侍读学士。善书，天趣横生，意出苏、米。诗在石湖、放翁间。著有《杕杜堂稿》。

强行健，字顺之，号易囱。分隶高古绝伦，尤工缪

078 海上墨林·大师眼中的海派画家

明　仇英　莲溪渔隐图

明 仇英 桃源仙境图

明　仇英　桃源图

明　仇英　辋川十景图

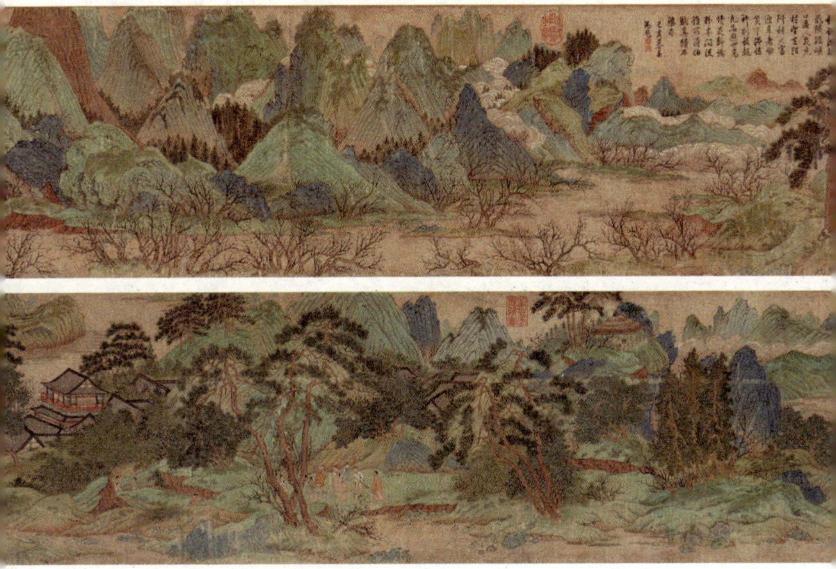

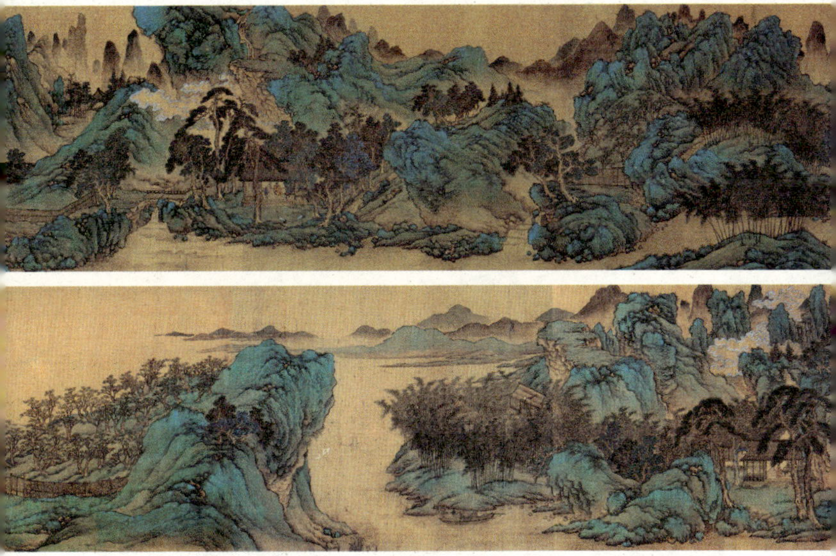

明 仇英 漢宮春曉圖卷（全卷）

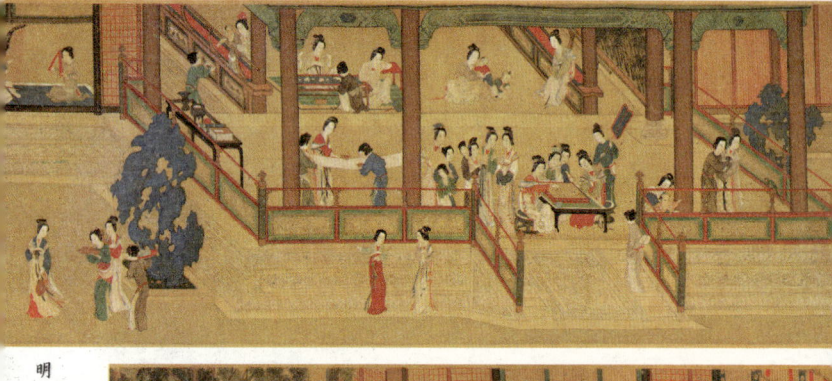

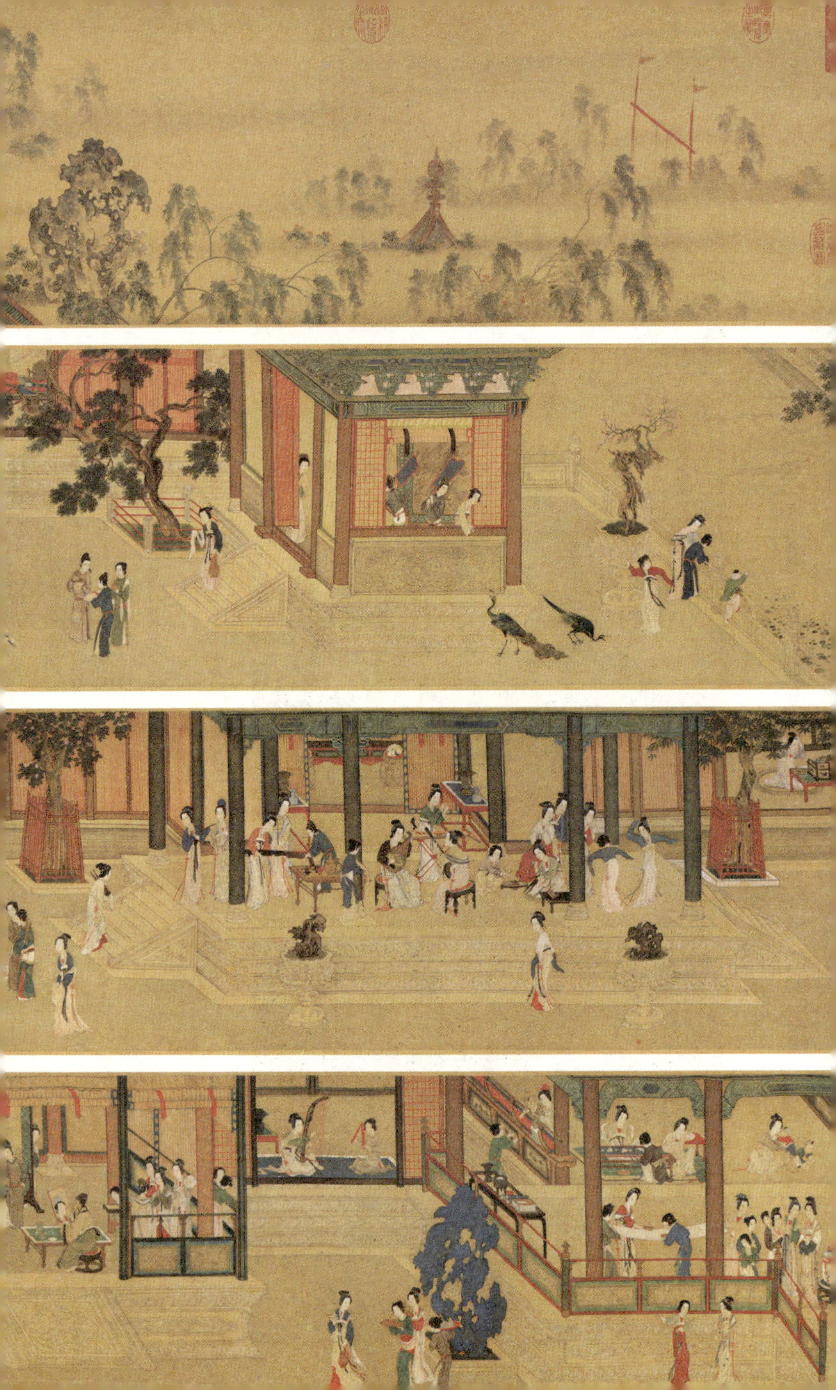

明　仇英　梧竹书堂图

明　仇英　仙山楼阁图

明　仇英　枫溪垂钓图

篆。生平托业于医，著医书甚富。画山水，仿宋元诸家，缜密有法。

倪廷对，字冠鸂。画似强行健，苍古不及，而秀媚胜之。

徐勋，字纪常。少有膂力，入武庠，工画人物、折枝花卉，极生动。间仿仇英山水，工细中见逸趣。好度曲，嗜酒，或轰饮累月。人求画不轻与，或不求而与，初未择人也。

吴磐，工诗，善缪篆，亦精卜筮。居城西隅荒陂菜圃，有隐者风。

王绘，字素如。工诗画，学宋、元人小景，饶有气韵。兼善鼓琴。著有《槎仙诗草》。

徐智，字周范。受画学于王绘，作山水有出蓝之誉。兼善四体书。早卒。

陈青传，精医。孤介绝俗，书法工致，不减周纬苍。所制药方作尺牍式，纸墨鲜好，钤以引首、押尾印章，经数十年不蔫，人多收藏之。

姚廷让，字子逊。太学生，工吟咏，善绘事，尝画枯木寒鸦，细润有丹丘生笔意。

施不矜，字履谦。神于医，精地理，工诗词。画花卉绝佳，人多宗之。

程宗伊，字绍南。精医得神解，遇沉疴，投剂立验。工画梅，枝干疏古。得意之作，写诗于上。

倪克让，名世式，以字行。善弈。好洁，闻人咳唾，即惊走。至老不娶。所居一木榻，终日危坐。能诗画，不多作。时人号为"倪痴"。

罗焘，字荀四，号春渊。先世藏书画法帖甚富，焘研精力学。工行草擘窠书，兼工诗词。著有《石鼓山庄诗集》。

王健，廪贡生。书法董文敏，工山水。

赵秀，字君实，号文楚。诸生，尝从张文敏照游，书法神似。

张深，字啸园。能诗，工篆隶，有《丽雪笺诗词集》。子梓，字斡亭，号瞻园。亦以能书名。

周泰，字天锡。精外科医，善画兰竹。

赵易新，精医，善画菊。与周泰同时，有"周兰赵菊"之称。

唐音，字载赓。隐居读书。能诗，善草书，得二王法。作书无虚日，至老不倦。

周鉴，字以人。善二王楷法。

唐卫尊，字剡春。书宗颜平原，出入晋唐间。尤精赏鉴，藏石刻甚富。

唐格，字逊修。家闵行，工隶书。年九十余，腕力犹雄健。

陈维城，字树宗。家闵行。工书，尚正锋。学诗于沈德潜，自号龙岩山人。著有诗稿。子秉钧，字铁峰，亦善行草。

沈奕藻，字翰宣，号随适子。诸生，工书，以雄健胜。兰竹师郑所南。

王凤冈，字竹塘。善擘窠大字，兼长诗画。

周思恪，字宾王。诸生，人品古朴，书学《圣教序》。

张文沼，字玉在，号育斋。家不甚裕，而慷慨好施。工诗。好游，足迹遍大江南北。书法欧阳，参王、赵诸体。著有《育斋诗钞》。

陆懋莲，字香远。卫山水、人物、花鸟，得宋、元人笔意。子荣，字桓又。工人物，有《渔家乐图》，笔尤工致。能诗。

胡可权，字殿英。志操清洁，工兰竹、山水。

方成美，善画花卉、蔬果、鸟兽、虫鱼。

宋　欧阳修行楷书灼艾帖全卷

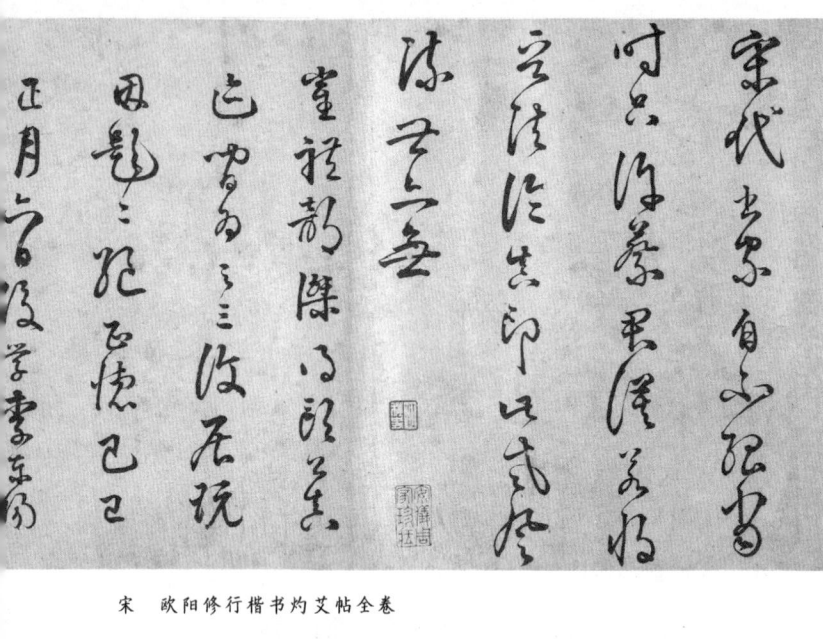

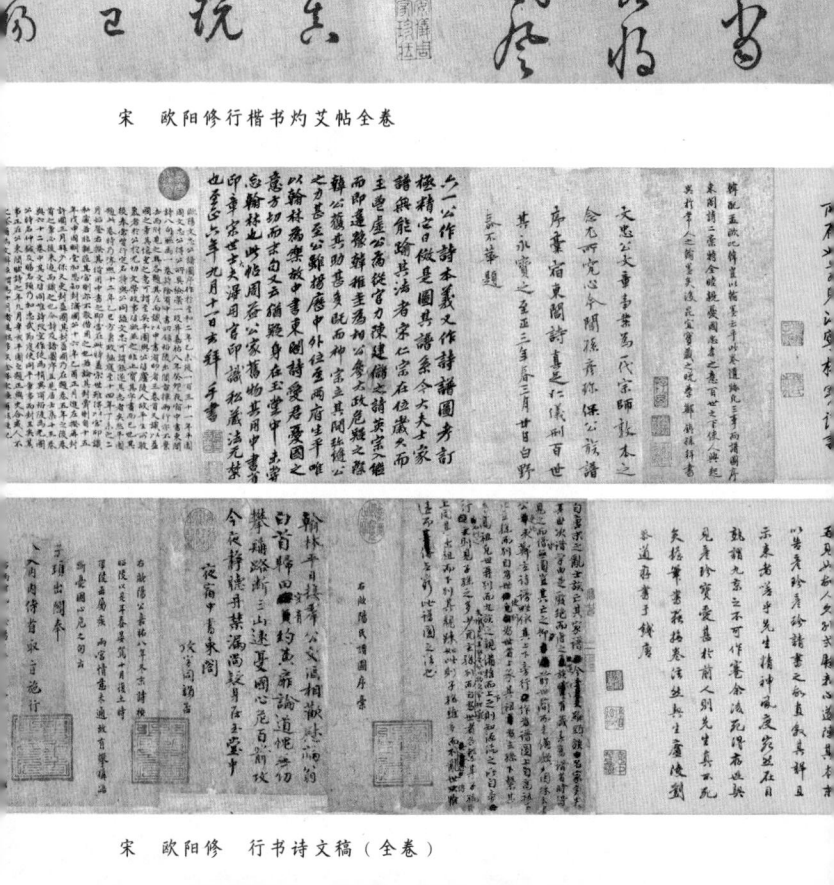

宋　欧阳修　行书诗文稿（全卷）

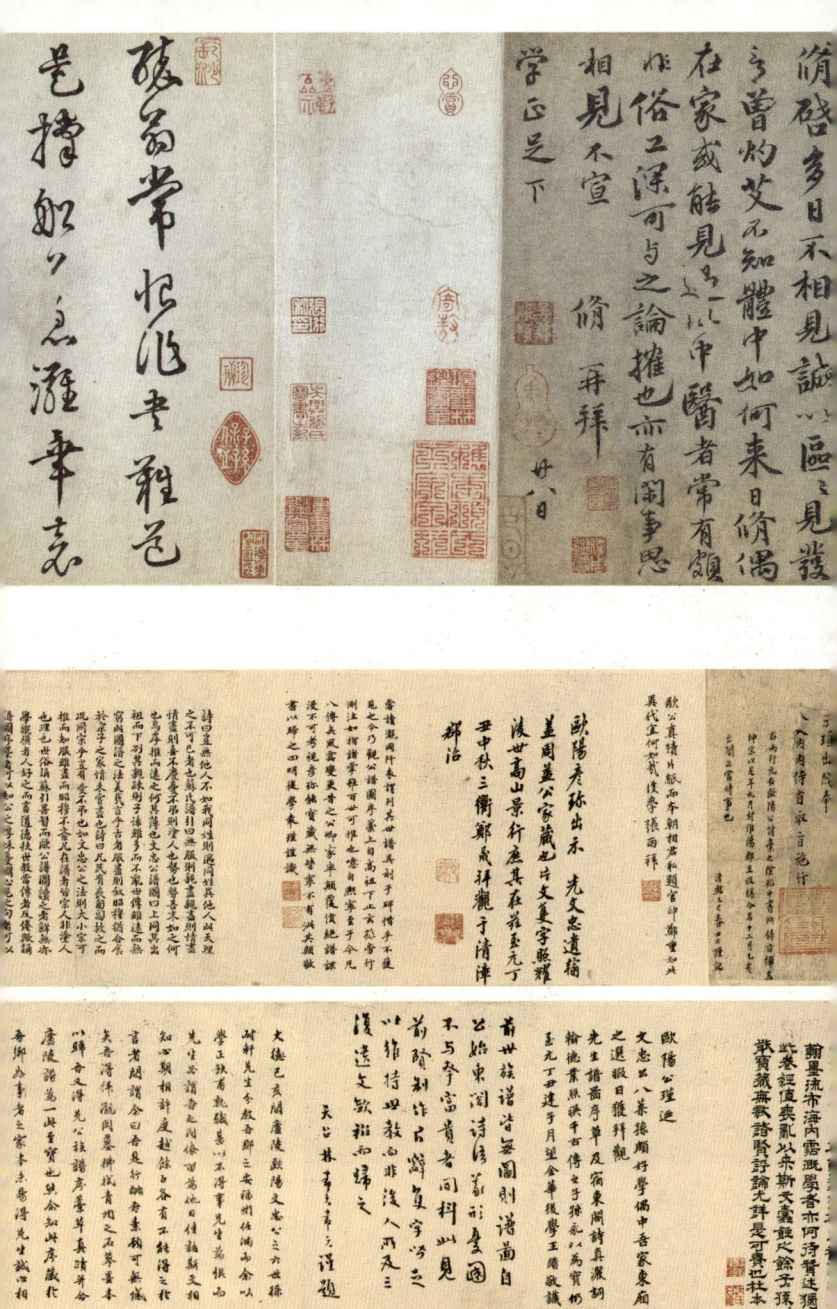

修啟多日不相見誠以區區見懷
言曾灼艾不知體中如何來日修偶
在家或能見訪也以閑冗故不訪
脩俗一味可與之論撰也亦有閑事思
相見不宣 脩再拜
學正足下 廿八日

张焕文,字斐成。乾隆时诸生。书学苏、米,画宗黄鹤山樵。临墨竹尤佳。

王绍廷,工画栈道。

姚楷,字正之。工牡丹及钟馗像。

顾曾献,字修期。居陆行。能诗善书,兼精画。莫秉清称赏之。

朱必镒,字兼百。居闵行。善人物花鸟,尤精界

宋　黄荃　写生珍禽图

划画。

夏云，工水墨山水，以大幅见长。

沈焕，字章明。工徐、黄没骨法。

董廷桂，字西酉。诸生，善水墨花卉。

曹洪直，字武仲。能诗，工写生。

殷光照，字曙东。工山水花鸟。

陈和，字非同，号不流。工山水，尤精兰竹、木石。

宋　黄筌　苹婆山鸟图

宋　徐熙　玉堂富贵图

宋　徐熙　雪竹图

曹树李,号亭史。工画菖蒲、寿石,兼精鉴古琢砚。年至七十二。

盛彦栋,家浦东,精缪篆。

吴志华,精草隶,能鼓琴,得古法。

程松,字坦斋。善人物花鸟。写意梅菊,最珍于时。

姜桂,字墨圃。专精画菜。

潘玙璠,字鲁珍。工书,尤精铁笔。

王也园,字沛亭。家法华。工山水,并善制器物,无不精巧。

张宗陶,字希三,号爱渊。诸生,工书,长于篆隶,尤精摹印。尝游京师,为侯门上客,名重都下。

康焕,字云岩。善草书。

徐振勋,字鹤汀。诸生,工篆隶,尤长山水,笔意苍雅,入宋、元堂奥。子邦基,字云沧。诸生,亦善山水。

张坤仁,字海臣。诸生,居野鸡墩。能书画,兼通医学。著有《啸云窝诗稿》。

叶嘉言,字圣谟,号兰如。工山水花鸟,尤善写真,兼精铁笔,长于音律。

陆敬铭,字师尚。工书,善医。

张大山，字庐屏。能诗，书画兼长。

陆大木（木一作本），字用成。事母以孝闻。工画，兼精医。

俞宗礼，字人仪。工人物，得龙眠白描法，尝以水墨画仙佛入神品。有《耕织图》进呈。子鹤，能继其学。

徐熙录，字唐运，一名照，字明远，号让泉。工诗善书，精行草，长于篆籀。性极迂僻，乞书者即素交亦辞之，兴至，纵笔数十幅不厌。以稚为老，以疏取姿，以乱取势，以脱示变，纵横披放，熟至法生，有嵚崎磊落之致。尝背临逸少《告墓帖》，自谓夺真。其子里刻之于石。里，字仁美。能画。

陶南望，字逊亭，号一箦山人。工诗文，书宗颜、柳，遍观古人法帖。集《草韵汇编》若干卷，未成而殁。子锟续成之。孙步蟾，诸生，亦工诗善书。

陆琳，字孚尹，号在廷。嗜古，图书金石，罔不考订。诗宗魏、晋，尤工书。尝从册使入朝鲜国，人以兼金购其书，悉却不受。

乔光烈，字敬亭，号润斋。乾隆二年进士，除宝鸡县知县，累官至甘肃布政使。居官三十年，忠勤自矢，不名一钱，所在有惠政。喜临各种书。有《最乐堂法帖》

传世。

张成，字修己。乾隆三年举人。擅画墨竹，兼精岐黄。

沈鑫，字兰坡。诸生，工诗画。

凌存淳，字鲲游。乾隆时附贡生。工诗善书，能擘窠大字。入京充五朝国史馆誊录，出为番禺令，有循声。著《粤游草》。母老乞归，杜门谢客。卒葬娄县小昆山，嘉定钱大昕志其墓。

李鹏万，字海痴，家闵行，工书画。弟槎源，字德载，附贡生，工缪篆，能诗文。从子如龙，字古春，工书善医。

李钟元，字麟徵，号砚香。工绘牡丹、荷花，精词律。入京以考订雅乐，授太常寺博士。（继室潘氏善画，列《闺彦》。）

徐日华，字旦复。幼即能文，乾隆时诸生。屡试优等，卒不遇。书学米南宫，诣臻神化。

金宝田，字仲云。乾隆时诸生。工山水，无所师承，荒寒疏古，自成一家。江苏学使唐云楣按试，凡士能画者亦引试，以宝田画为第一。其画不拘拘六法，然精卓处绝似高房山。

淡墨秋山画远
大暑霞还照
紫深烟故人好
在重携手不到
十山谩五年

宋　米芾　淡墨秋山诗帖

南宫天机笔妙
带篋中帐玉帖为
方长出重民三榻
芾已自吾辞黄民去也带
主起郓薛至记瓦便
婚平任忘家一年扬州送
酒百馀尊其他不论帖
公亦尝见也如许明停起
上释山明日归也至气
一亡
茶文阳公刚

宋　米芾　篋中帖行草书

宋　米芾　书乌江舟次诗

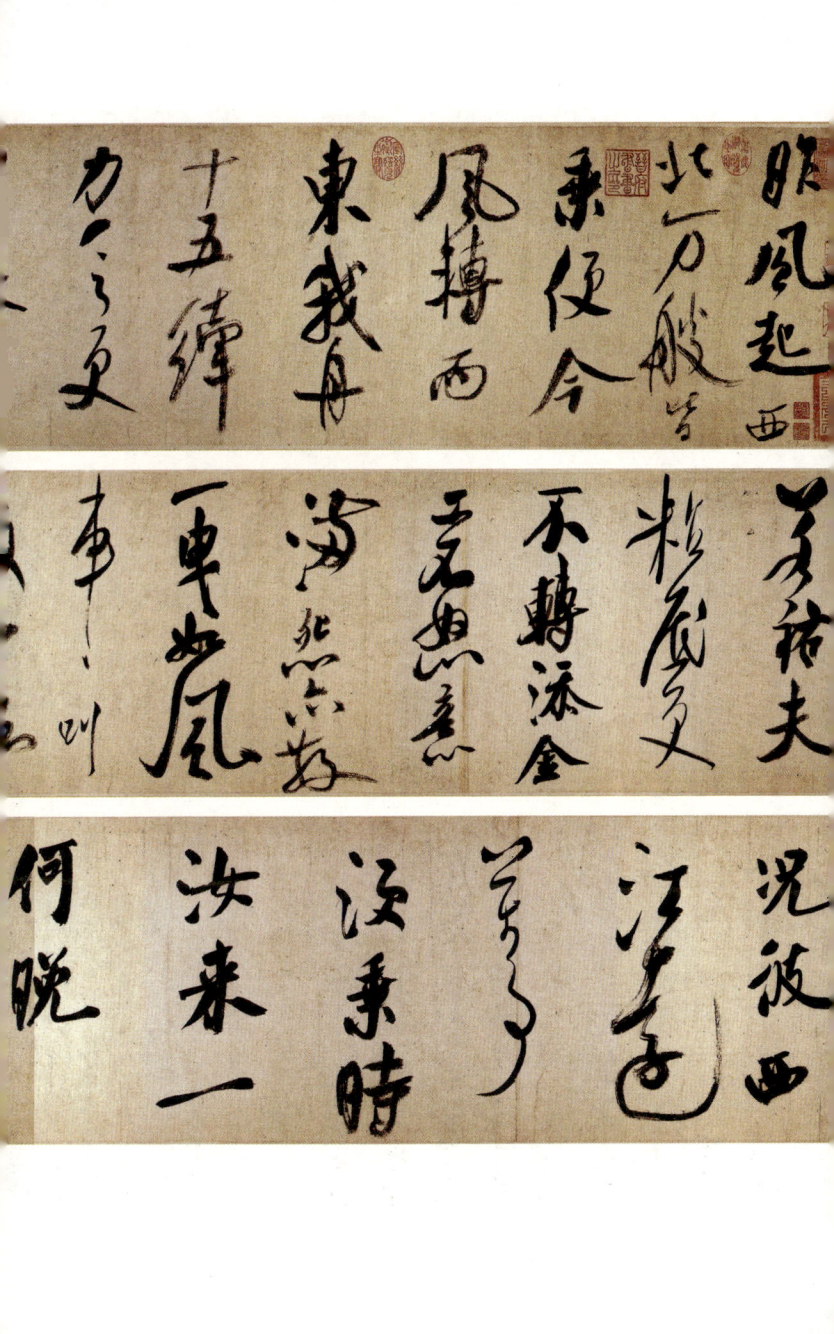

昨風起西北，萬殷聲，乘隙令風摶西東我舟一旋復一轉，朔吹變凌夢蘭若祐夫粉屑屑，玉花亂委不轉添金盃然意況彼西江老汝乘時汝來一何晚

十五纜牢車牽如風何晚

宋　米芾　蜀素帖（二版全卷）

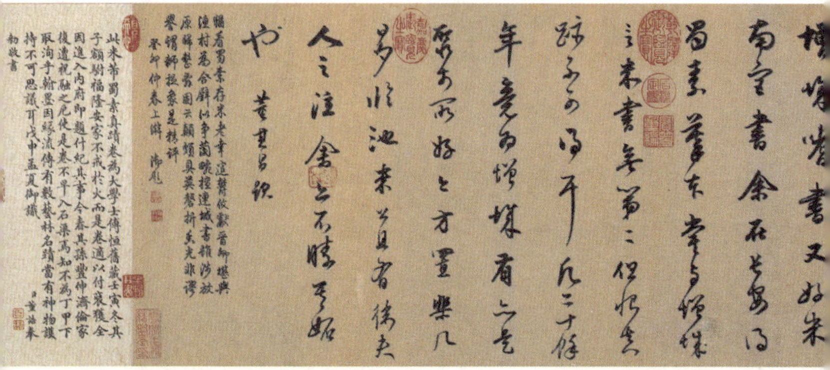

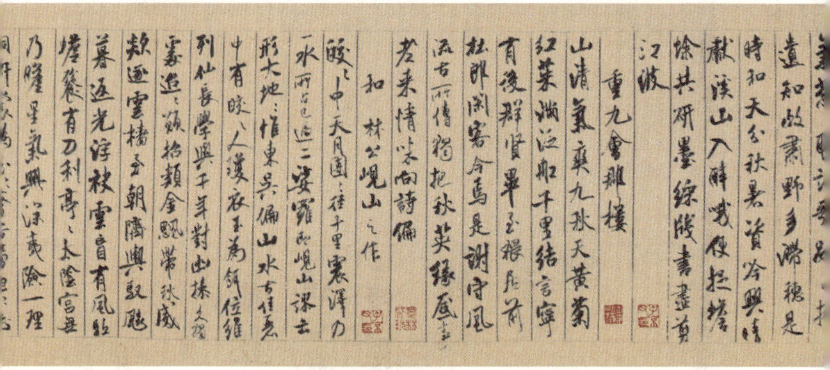
重九會郡樓
山清氣爽九秋天黃菊紅茱滿泛船千里結言寧有後群賢畢至猥居前杜郎閑客今焉是謝守風流古所傳獨把秋英緣底事老來情味向詩偏

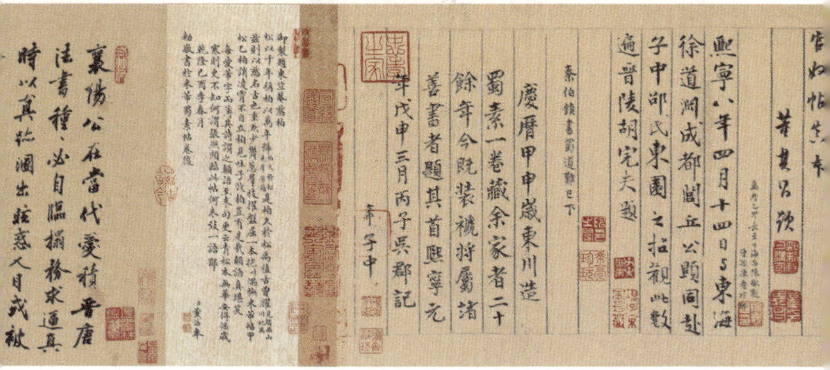
董其昌跋
熙寧八年四月十四日東海徐道潤成都閭丘公顯同赴子中邵氏東園之招觀此數
適晉陵胡完夫題
秦伯鎮書蜀道難已下
慶曆甲申歲東川造蜀素一卷藏余家者二十餘年今既裝褫將屬諸善書者題其首熙寧元年戊申三月丙子吳郡記
希子中
襄陽公在當代愛積晉唐法書種種必自臨搨務求逼真時以真跡溷出熒惑人目或祕

宋　米芾　逃暑帖行书

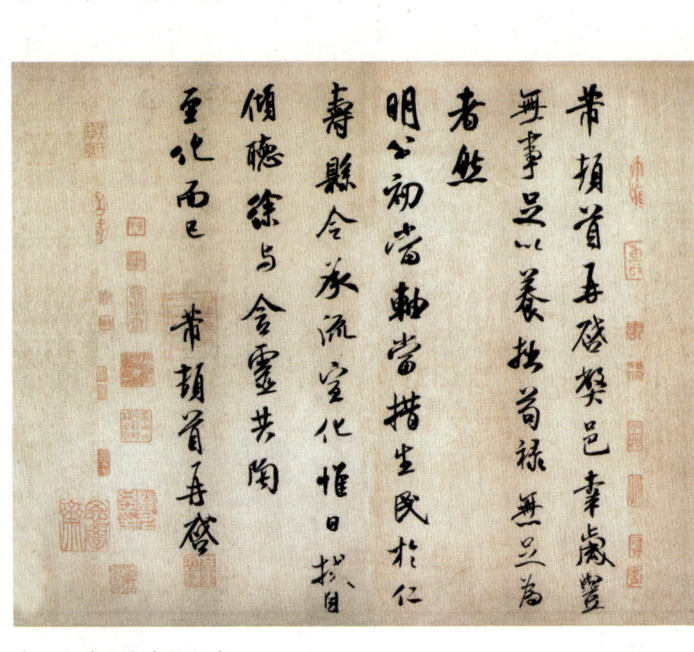

宋　米芾　岁丰帖行书

张兆炎,字午亭。乾隆时诸生。精楷法,博通群籍。

孙嘉仁,字能五。工楷隶。

邹黄涛,字四表。岁贡生,画宗赵千里,每幅成辄自题诗,非风雅士靳弗予也。

曹锡宝,字鸿书,号剑亭。乾隆二十二年进士,历官至陕西道监察御史。以疏劾和珅家人不法,吏议革职,诏特原之,仍令留任。嘉庆初,珅赐死,上追念直言,追赠副都御史。嗜学,工诗,书法遒炼,近赵吴兴、董

宋 赵伯驹 江山秋色图卷

宋　赵伯驹　莲舟新月图

香光。著有《古雪斋集》。

陆锡熊，字健男，号耳山。乾隆二十六年进士，历官至副都御史。以文学受特达之知。工书，善擘窠大字。诗文宏博绝丽。著有《篁村诗集》。

钮荣，字竟芳。乾隆时诸生。画师戴文进，诗文俱超逸。有《杉香诗稿》。

曹法坤，字贞恺。诸生。诗文磊落有奇气，兼工绘事。

赵堂，字佐簧，号秋檀。乾隆五十四年举人。工诗文，精书法。

赵绅，字垂书。以诗文书法著名，著有《晴川诗选》。子文鸣，字宸藻。诸生，诗、书、画俱工，著有《清泉诗集》。次文哲，字损之，号朴函。乾隆壬午，南

明　戴进　春耕图

明 戴进 关山行旅图

明 戴进 渭滨垂钓图

明　戴进　雪景山水图

明　戴进　长松五鹿图

明　戴进　达摩祖图卷

巡召试,钦赐举人。书法出入晋、唐,诗文名满海内。沈德潜选吴中七子诗,文哲其一也。官户部主事。会小金川搆衅,从军进讨,死难,恤赠光禄寺少卿。著有《嫏雅堂》《娥隅集》等书。文哲子秉渊,字少钝,号君实。工书,荫袭恩骑尉,官至成都知府。次秉冲,字砚怀,号谦士。太学生。擅画梅兰竹菊,工四体书。大学士阿桂荐值懋勤殿。乾隆四十七年钦赐举人,历官部科卿寺,累擢至户部右侍郎。再次秉淳,字润圃。乾隆六十年顺天举人。好古,工书。历官鄂省州县,有廉断声。秉冲子荣,字伯期,号子启。嘉庆丁丑进士,选庶吉士,授内阁中书、协办侍读,以军机章京入直。道光八年书《苏松太道芝楣陈公政迹记略》。荣弟林,字茂

仲。工诗文楷法。就东城兵马司副指挥，后授云南广通县知县，未任卒。（县《续志》载："赵秉冲，馆阿文成桂家，偶书四体字于笺，置积书上。一日有贵客来，值阿他出，客径入馆室，见秉冲，不为礼，顾见笺展玩久之，遽持去。阿归，秉冲以告。阿愕然曰：'此今上也。'明日阿入见，上询秉冲家世功名，阿以忠臣之子及监生对。上命以监生挂朝珠见。又明日，秉冲应召入，奏对称旨，遂命入值懋勤殿。"此乾隆四十四年事也。《瀛壖杂志》载："秉冲未达时羁旅京师，无所遇。将南旋，时兄秉渊官中书，逢纯庙避暑热河，在扈从之列，秉冲请与偕。一日上坐碧纱厨，谓某相国曰：'此处须书画各四帧。'相国出，商诸秉渊，仓卒无以应。秉冲请于兄写真草隶篆、梅兰竹菊以进。上嘉许，问谁所作，相国以秉渊对。召见，将有赐，秉渊对以出自臣弟，秉冲名遂上闻。返自热河，适懋勤殿人员出缺，急欲得人。相国以秉冲名进，上曰：'此即热河作书画之赵某耶？'立促召之，许以监生挂珠入值，旋赐举人。"按：上两则皆记秉冲入值事，而其事互异，因并录之。）

赵文镐，字思雍，号画痴。文哲从兄，工丹青，为一时宗仰。著有《画谱》。子浚，字凝善。能承家学。

赵文敬，字省庵，文镐从弟，善丹青。子秉深，字桐高，亦善画，均传文镐衣钵。

曹云，字龙山。赵文镐弟子。善画，有出蓝之誉。

潘宗皞，字西白，博学工诗，长于书法。

王钟，字一亭。乾隆时附贡生，孝友力学。书法二

宋　米友仁　好山无数图卷

王，善擘窠大字。著有《毋自广斋诗文词稿》。弟铮，博学工画，能诗。

顾伟器，字成琢，号浮山。事母孝，笃于友爱。工山水，入逸品。诗极清丽，文法大苏。从子培豫，善画。从孙曾锡，字笏山，一字今堂。诸生，孝友敦品，工诗文，能书，山水宗小米。后得朱峤写生法，画荷花、墨竹，不落恒溪。

朱峤，字赤城，号巨山。山水出入叔明、子久间，浅绛渴墨，极沉郁可爱，草虫花卉，细腻不减马扶羲。写荷花独出新意，渲染既定，然后勒以浓脂数笔，跗萼向背，一一涌现。画名噪甚，独步一郡。又善写真，遗

宋　米友仁　潇湘奇观图卷

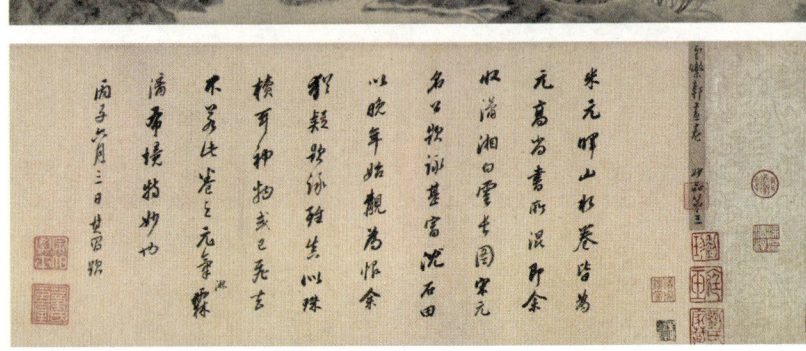

宋　米友仁（传）　云山图卷（全卷）

余墨戲氣
韵頗不凡
补日来易
墨也元暉

春山雲岁山
雪晄雪水里
暁水海溪山
水悟行車流
清與洪洋送
會華二元敦

貌取神，而容态愈肖。年八十余，终日临池无倦色。尤喜作迳丈古松，苍翠浓郁，得未曾有。其花鸟用"古淡"印，山水用"长留天地间"印，皆得意作也。

陆南培，字天池。工山水。

沈崇勋，字炎赤，号玉筜。乾隆四十五年举人。书法晋、唐，并善诗古文词。

侯钟，字景铭，号墨香。能诗工书。

孙侃，字冠古。贡生，博学工书，精鉴古，搜罗甚富。

褚华，字秋萼，号文洲。诸生，性傲睨，自放于诗酒间。书学欧阳率更，留心海隅轶事，著有《沪城备考》。

康绥，字镇卿。工传神，书法二王。能制鸽铃，刻象牙为簧，嵌紫檀管或大鹅翎上，识以名目，曰"晴雷"，曰"九霄""环佩"，每具值钱十千。此制古所无也。子恺，字饮和，号起山。乾隆五十七年举人。诗文夭矫清健。书学欧、虞，下笔隽逸。长山水，兼有思翁、檀园胜趣。并工仕女，亦善写真，能以白描取肖。诗在苏、黄间。为人风骨崚嶒，不谐世俗，嗜酒善谑，与邑人褚文洲华，同为袁随园所赏，又并入沪道李味庄观察幕。其卒，味庄观察哭以诗云："有病尚删灯下句，救贫惟买画中山。"盖纪实也。著有《三砚斋吟草》。次子忭，孙懋，号濂溪，并以书画名。

曹洪志，字淡持。工书画，得同里康起山师承，下笔不苟。著有《和瑞堂诗集》。

包惠，字秋岩。诸生，写山水亦得康起山法乳。

孙锡恩，字树嘉，号杏园。乾隆时廪贡生。精绘事，

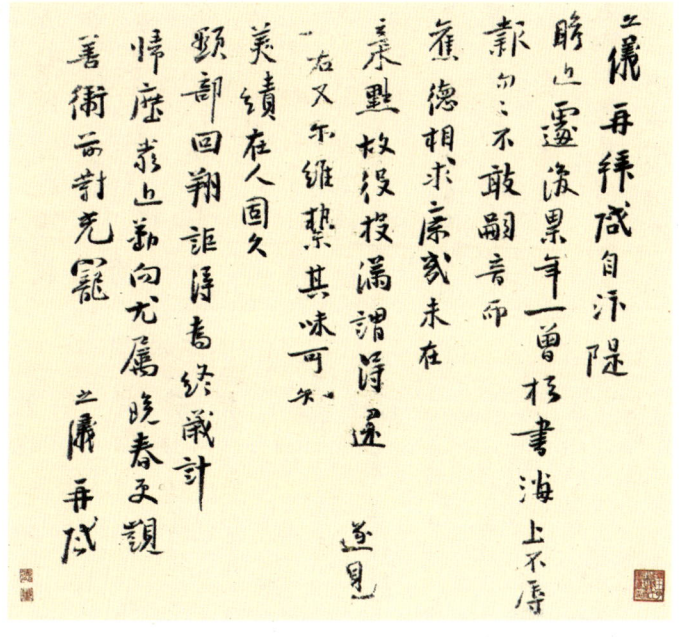

宋　黄庭坚　草书浣花溪图

宋　黄庭坚　寒山子庞居士诗帖（全卷）

宋　黄庭坚　梨花诗

我見黃河水
凡經幾度清
水流如激箭
人世苦浮萍
癡屬為煩惱
業屬為根本
人生各自苦
勸君了無明
劫尺不解了無明
院輪迴幾許
寒山出此語
世狂癡半有
事對面說不

外舅孫莘老以梨花唱
和詩寄余和夫詩生於
情不情而何以詩生於
黙還戒日多若忍情由何生
雖然拈景傷時不能已也
遂步韻如左
山谷道人黃庭堅

玉骨翛影拂虛窗逗詩狂
風小扇香春去似憐人解莫
却傳清韻問西堂
芳樽幽賞容來宜向落花前
標自出奇香淺室庭蘭然
燕邸散蝴蝶引魂時
上林萬卉關贏輸玉結嬌
看他不如花下一樽挽春色

頂粉傳容莫許何郎花下
坐春歸何處悵東風
次韻　秦少游
淡籠春韻向晴增疑是羅
浮月裹載幽意不傳花信
玄雪香深鎖待君閒
曉風冉冉曲欄遲露語妝香
懶玉姿莫是夜來香夢香
雖禁深院語鸚時
梁園雪盡已無餘月鎖瑤
枝冷自如爐穀雙白燕子
故將春事從來輸
雪月幾千載清平詞詞說不
須蝴蝶拍南枝
梁緒那許興不常漫擕春酒
洗明妝芳魂未逐東風墮

宋　黄庭坚　致云夫七弟尺牍

工诗文。

　　吴阶升，字南吉。乾隆时诸生，落落有气骨。善书工画，尤以栈道、塞卫得名。

　　姜易，字荫台，号连三。诸生，品端学博。善画柳，有姜杨柳之称。旁精岐黄、堪舆。

　　陆钟秀，字啸楼。嘉庆三年举人。绩学工诗，精六法。

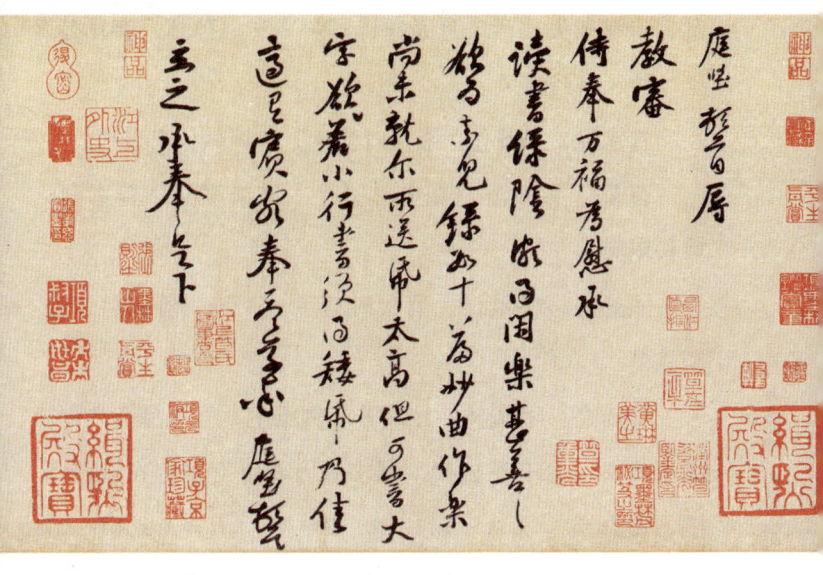

宋　黄庭坚　教审帖

　　瞿应绍,字陛春,号子冶,又号月壶。嘉庆时诸生。性耽古雅,善鉴别金石文字。画宗南田,而用笔放逸,不蹈袭为。工于画竹,工力最深。所居有香雪山仓、二十六花品庐、玉炉三涧、雪词馆,贮列尊彝图史卷轴,位置精整。尤工篆刻,所刻茗壶,摹陈曼生,制极精雅。(壶有粗细二种。粗沙者,制特工致。细沙者,多画竹,寥寥数笔,制更古朴。)诗才清逸,似南宋人。卒年七十二。咸丰间遭乱，诗多散失，存《月壶题诗画》一卷。孙林，字月孙。工兰竹，有乃祖风。

施承梁，字子香。嘉庆时诸生。善词赋，工隶书。

曹鋆，字铼斋。嘉庆时诸生。谦谨寡交，善书画，兼长堪舆。

顾锡弓，字藏侯。嘉庆时诸生。工诗，善画兰，兼精铁笔。

李筠嘉，字修林，号笋香。例贡生，官光禄寺典簿。工书媚学。家有慈云楼，藏书数万卷。有别业在城西南隅，曰吾园。（后改为龙门书院，科举停，又改江苏省立第一师范学校。）沪道李味庄观察招致名流，宴集其中，觞咏之盛为海上冠。朋友投赠篇什，刻为一编曰《香雪集》。子仁在，字子木。工诗画。孙钟庆，字即卿，于画理尤有深悟，所藏书画多唐、宋人真迹。（仁在妻黄氏工画，列《闺彦》。）

乔重禧，字鹭洲。光烈曾孙，嘉庆时廪贡生。博学嗜古，工鉴别，书法得颜平原风骨，尤精小楷。游京师，名甚噪，新安太傅延写御制集六十万字。词章之学，具有深造。所交多海内贤达，然卒以不得志憔悴死。徐渭仁醵金理其丧，并选刻其所著曰《陔南池馆遗集》。

清　恽寿平　秋海棠图

清　恽寿平　湖山春暖图

清　恽寿平　花坞夕阳图

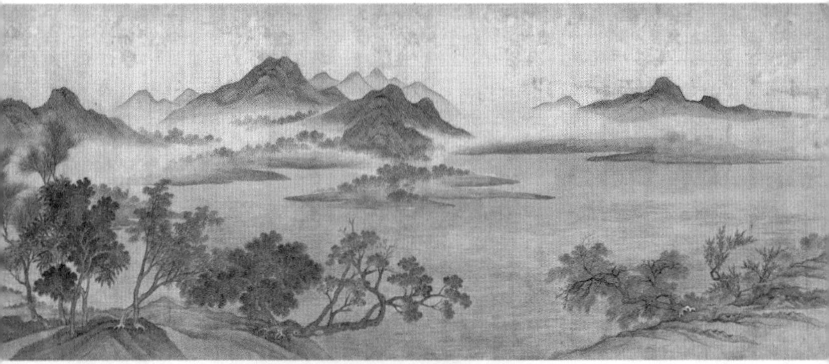

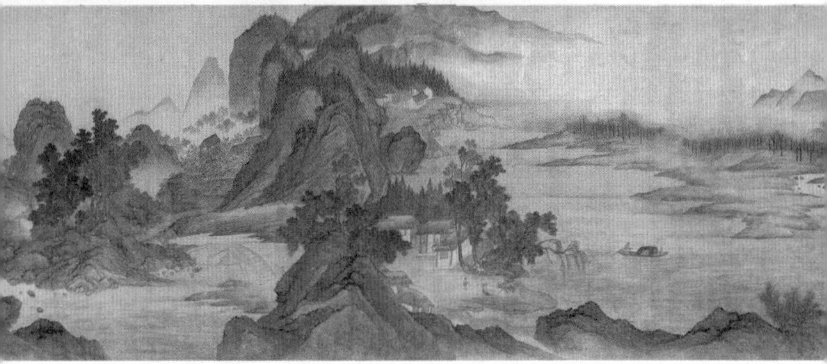

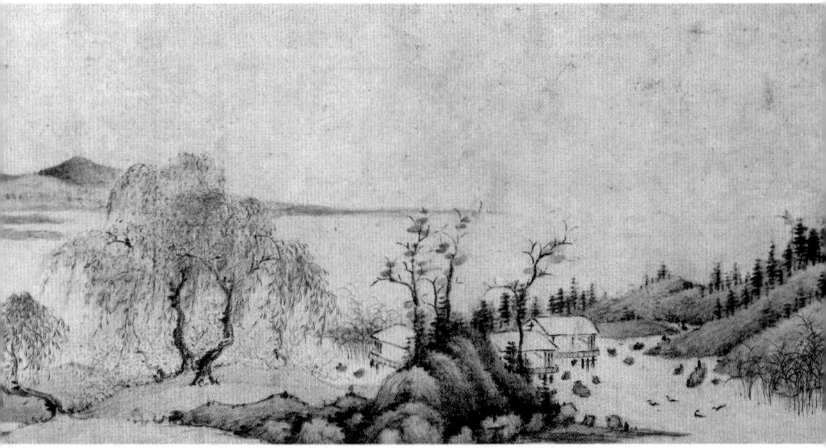

清　恽寿平　牡丹图

清　恽寿平　山水花卉图

清　恽寿平　晴川揽胜图

清 恽寿平 竹石图

王寿康，字保之，号二如，晚号还读老人。嘉庆时诸生。书学刘文清，得神似，并搜集文清书刻《曙海楼帖》，招邑中能文者，月角艺于曙海楼，造就甚多。子庆勋，字叔彝。附贡生，秉承家学，有诗名，官严州府知府。次庆均，字季平。廪贡生，能作擘窠书，官太仓州学正、崇明县教谕。

刘枢，字星旋，号鸿甫。孝友敦笃。嘉庆十八年举人，考取咸安宫官学教习，任福建安溪、福安等县，有政声。工诗文，擅行书、隶字。卒年七十六。著有《西涧旧庐诗稿》。

莫树堉，字在田，号云坛。道光时岁贡。工书，力追欧、褚，名重于时。

陈炳煃，字廉石。道光时诸生。诚孝敦介，性好树石，工隶书。咸丰庚申寇乱[1]，避居张家堂父茔丙舍，抱父书不去，寇至不犯。淘沙场建陈忠愍祠，垒石为文昌阁，费不继，破产偿之。

曹耀翔，字桐华。道光时诸生。工楷书，尤善擘窠大字，出入颜、柳间。然非其人不轻书，虽厚润弗受。

---

[1] 指第二次鸦片战争。——编者注

有《藉田赋》石刻。

徐渭仁，字文台，号紫珊。博学嗜古，鉴别碑帖，时人推为巨眼。工行草篆隶，收藏卷轴至富。尝获隋开皇时《董美人碑》，珍秘特甚。自号隋轩。又得建昭雁足镫，因颜其居曰西汉金镫之室。中年时始学画兰竹，旋弃去作山水，日夜研究，颇窥宋、元诸家之秘。后以索者坌集，不能耐，遂辍。尝于北城顾氏露香园遗址，复葺秋水亭、万竹山房，以张燕昌所摹石鼓文贮之，沪上遂增一名胜。未几即毁于火。所刊有《春晖堂丛书》《法帖》及《隋轩金石文字》。子允临，原名大有，字石史。诸生，精鉴古，克承家学，书学苏眉山、董香光。画兰有钱箨石笔意。

曹树珊，字海林。廪贡生，书学颜平原，继又研覃阁帖，出入于褚河南、米襄阳间，同时如莫云坛、乔鹭洲，皆为推服。

纪大复，字半樵。布衣，家闵行。生平耿介，不事上交。铁笔在文、何之间。工篆隶，善山水。惟画不多作，人得片纸以为珍。

马昂，字若轩。家颛桥，幼岐嶷，赤贫至为人苴履，旋易米业。夜读书甚发愤，通诗古文。并精医，游幕他方，为人治病应手愈。归后闭门著书，精小学，识奇字。见佳山水辄图之，晚年益进。郡中叶氏富收藏，而王翚画尤多，昂一临橅便得神髓。咸丰初年卒。

徐克润，字田瑛，号兰谷。诸生，嗜诗酒，喜花木，工水墨山水，宗法宋人。著有《画学源流》《云间画史》及《兰谷诗草》。

胡忠，字筠庄，号定翔。诸生，工诗文，通六书八法。自汉、魏以来诸家笔墨源流，悉心研究，引据专条，参以论说，著《笔海蠡》二卷。子世芳，善绘兰。

王锡琳，字涤斋。精医，好吟咏，善墨兰，年七十犹手不释卷。

顾以礼，字典三。精绘事，传神逼肖，摹古画尤擅长。

曹启棠，字憩伯。道光五年举人。工古文，擅书画，善绘栈道，并精铁笔。著有《压线集》。

王森兰，字国香，号少维。诸生，工诗，善绘事，鱼、鸟、兰、竹、蔬菜各擅其长。道光六年，南漕海运，森兰绘《海道运船图》，由大吏进呈，御览称旨。

印廷宝，字华甫，号儒珍，又号茹村。善山水人物，绘蜀道尤工，巉岩峭壁，仿佛剑门、滟滪诸胜。蜀栈多策蹇，故尤善画驴，虽数十头无相同者。尝谓："郑板桥画竹，胸无成竹，余画驴亦然。"性耿介，非素交虽重资亦弗画，以是流传甚少。子文奎，能承家学。

施鳌，字竹琴。工画栈道。

李崇基，字兰言。工书，善山水花卉。

侯士鹗，字翼云，号雪亭。工书，出入颜、柳。诗画亦有逸趣。

李浩，字杏坡，号南浦闲人。道光时诸生，家闵行。画学南田，人颇珍之。

侯承庆，字灿东，号云岩。嘉庆时诸生，家诸翟，工篆隶真楷。

陆培南，字扶九。善山水，工临古。

张钦之，善写墨竹，工诗古文。

朱采，字云亭，号冶仙。嘉庆时诸生，善草书。

毛祥麟，字瑞文，号对山。太学生，博学工诗文，不为科举业，山水学文待诏，造诣精深。又精医。咸丰时避兵，所至借医以自给，踵门求者如市，日活百人。乱后家居著书，有《三略类编》《史乘探珠》《医话》《诗话》《画话》诸籍。其已梓行者，惟《墨余录》十六卷。卒年八十余。

侯敞，字梅杉。道光时诸生。居侯家角，淡泊不求闻达。工诗古文词，兼长书画。凡九流之书，无不涉历。弦琴弹棋、吹箫品曲，无艺不精。晚号淞南居士，卒年七十九。著有《资画录》十卷、《胜迹联珠》三卷及《名诗碎锦集》。子宝一，字子杉。工山水，精堪舆术。

黄紫垣，字桐君。道光时诸生。家颛桥，工书，善墨竹。

陈亦保，字肃庵。道光时诸生。家颛桥，书学赵文敏，兼精医学。

黄纯源，字铁樵。诸生。工书，得董香光笔意。

徐铭信，字砥孚。苦志力学，善书画，性耿介。咸丰十一年冬，寇至，曰："吾不去父母之乡。"见胁大詈，遂被害。

黄益源，字竹楼。工诗，善画兰竹。性刚直。同治元年春，遇寇被戕。

吴镖，字衡甫。增生。工书，初法赵松雪，继程欧阳率更，有刚健婀娜之致。

黄朝鼎，字调元。家诸翟。工写生。有孝行，尝刲股愈祖母病。

蒋揆，字汇征，号菉溪。能诗，善书画，精铁笔。弱冠时为瞽母舐目，三年复明。

禽翔而為衛於是越北沚過南岡
紆素領迴清陽動朱唇以徐言陳
交接之大綱恨人神之道殊怨盛年
之莫當抗羅袂以掩涕兮淚流襟
之浪浪悼嘉會之永絕兮哀一逝而
異鄉雖潛處於太陰長寄心於君
王忽不悟其所舍悵神宵而蔽光
於是背下陵高足往神留遺情想
像顧望懷愁冀靈體之復形御
輕舟而上溯浮長川而忘返思綿
綿而增慕夜耿耿而不寐霑繁霜而
至曙命僕夫而就駕吾將歸乎東
路攬騑轡以抗策悵盤桓而不
能去

大德四年四月廿五日為盛逸民書 子昂

丹唇外朗皓齒內鮮明眸善睞靨
輔承權瓌姿艷逸儀靜體閒柔情
綽態媚於語言奇服曠世骨像應
圖披羅衣之璀粲兮珥瑤碧之華
琚戴金翠之首飾綴明珠以耀軀
踐遠遊之文履曳霧綃之輕裾微幽
蘭之芳藹兮步踟躕於山隅於是忽焉
縱體以遨以嬉左倚采旄右蔭桂旗攘
皓腕於神滸兮采湍瀨之玄芝余
情悅其淑美兮心振蕩而不怡無良
媒以接歡兮託微波而通辭願誠素
之先達兮解玉珮而要之嗟佳人之
信脩羌習禮而明詩抗瓊珶以和余
兮指潛淵而為期執眷眷之款實兮
悵猶豫而狐疑收和顏以靜志兮申

洛神賦并序

黃初三年余朝京師還濟洛川古人有
言斯水之神名曰宓妃感宋玉對楚王
神女之事遂作斯賦其詞曰
余從京域言歸東藩背伊闕越轘轅
經通谷陵景山日既西傾車殆馬煩尒
乃税駕乎蘅皋秣駟乎芝田容與
乎楊林流眄乎洛川於是精移神
駭忽焉思散俯則未察仰以殊觀
睹一麗人于巖之畔乃援御者而告之
曰尒有覿於波者乎彼何人斯若斯
之艷也御者對曰臣聞河洛之神名
曰宓妃則君王之所見無乃是乎其狀
若何臣願聞之余告之曰其形也翩若
驚鴻婉若遊龍榮曜秋菊華茂
春松髣髴兮若輕雲之蔽月飄飄兮

信脩羌習禮而明詩抗瓊琚以和余
兮指潛淵而為期執眷眷之款實兮
悵猶豫而狐疑收和顏以靜志兮申
禮防以自持於是洛靈感焉徙倚彷
徨神光離合乍陰乍陽竦輕軀以鶴
立若將飛而未翔踐椒塗之郁烈
步蘅薄而流芳超長吟以永慕兮
聲哀厲而彌長爾乃眾靈雜遝命
儔嘯侶或戲清流或翔神渚或採明
珠或拾翠羽從南湘之二妃攜漢濱
之遊女歎匏瓜之無匹詠牽牛之獨
處揚輕袿之猗靡兮翳脩袖以延佇
體迅飛鳧飄忽若神陵波微步羅
襪生塵動無常則若危若安進止難
期若往若還轉眄流精光潤玉顏
含辭未吐氣若幽蘭華容婀娜兮

元　赵孟頫　玉枕兰亭

　　吴洵，字洵如。家高行。书法颜平原，并善钟鼎文。服官皖省，历任青阳、怀远、定远等县，有政声。

　　沈维裕，字益甫，号楫甫，又号皕琴。以部员官京师。工花卉，逼近南田。善隶书及北魏体，不轻落墨。并精琴学。著有《皕琴楼诗集》。

　　蒋节，字幼节，号香叶。工诗古文词、金石考据之学。书法苏眉山，兼精刻印。客游苏浙间，经历山水幽胜，因悟画理，偶作倪、黄小品，落笔不凡。卒于吴门。

　　陈守之，字竹士，别号酣道人。善兰竹，能篆刻，并精鉴古，藏名迹甚富。著有《画友录》，未梓行而卒。

张廷璧，字云卿。居龙华。善山水花卉，尤工写真。

李曾福，字仰山。工书善画，尤长兰竹。

夏鼎，字韵笙。工隶书，长铁笔。

胡迺能，字雨岩。善画蔬菜。

史松茂，字华彩。工诗，善画蔬菜。

高第，字赋蓉。工山水，早卒。

李炳铨，字少琳。先世以航海起家，由邑徙居宝山县之高桥镇。少从宝邑人学，故入宝庠。事亲有孝行。研精医理，洪、杨劫后，家产荡然，恃医为生计。书法颜平原，参以赵吴兴。善画梅，宗金冬心。题画喜仿板桥。并工诗，稿多散失。

张绍麟，字鹤峰。家引翔港。工写人物，绘荷花尤精。卒年八十余。

周树春，字杏桥。家引翔港。精书画行草，得米南宫笔意。张绍麟绘荷，得树春题识，人尤宝之。

钮如林，字石帆。家马桥。工小篆，精绘事，松鼠、葡萄尤工。兼长铁笔。卒年八十。

杨思忠，字心兰。积学工书，尤善弈。道光时，国手马士元来访，与对弈，不能胜，故谈弈者推为一时冠。

黄梓，字巨卿。家高行。工传神，兼精花鸟。

金熙，字慎斋。性耽金石，精楷书、篆、隶，并工铁笔。著有《静学斋印谱》。

艾德埙，字杏坪。诸生，自号虹南老人。少从华亭颜朗如学山水，有自写《秋老虹南夜读图》，名人题咏殆遍。

施澜平，善画栈道。

许凤，字南台。工青绿山水，仿文、赵法，苍秀入古。

孙士毂，字艺山。工兰竹，颇近瞿月壶。

曹钟坤，字载山。工算术，精测绘。任江南机器制造局工程事，局中大建筑多出手定。善画山水。晚号芸溪老人。

陆铭，字又新。家闵行。能诗。工绘事，传神酷肖。写墨龙、栈道，尤为世所珍。

秦始道，字贯卿。善画梅、菊，书法韶秀。工植葫芦，能用套板使成方长、六角、八角形式，备具人物、花鸟、篆隶诸纹，刻画于上，惟妙惟肖，巧夺天工。

应文烈，字铭勋，一字少璩，别号鹤桥仙史。家北桥。善汉隶，工楷法，兼精堪舆。诗古文词冲夷和易，一如其人。

张兴芝，字莲君。居小南门外仓湾。工书画，善铁笔，道、咸间名噪甚。时有"南仓白纸扇，无有不莲君"之谚。弟之树，字希棠。亦善书画铁笔。

沈源，字怡亭。家三林塘。善画兰，工铁笔，兼精伤科医。子学诗，字镜珊。恩贡生，善行草。孙孟镛，字俪笙。诸生，工书，兼善墨兰。

王承基，字竹鸥。道光丁酉选贡，以部郎出守广西平凉府，屡迁至陕西按察使，署布政使。解组归里，历办梓乡善举。工诗文，书法名隽，得董香光神髓。光绪丁亥重游泮水，丁酉萃科周甲。卒年八十九。弟承壎，字叶五，号友籨。咸丰己未举人，官户部郎中。工诗古文辞，书法颜平原。宦京师三十余年，卒年六十九。承录，字铁卿，号铁史。诸生，以助饷功钦赐举人，大挑授沭阳训导。赴任甫三月，念母春秋高，乞假归，改教谕，寻改内阁中书，不谒选。书法大追颜、柳，小兼赵、董，得者视为珍品。性嗜酒。又爱砚，蓄良砚数十，自为铭识。兼精音律，手写元、明人曲谱百余本，厘订宫商，不差累黍。性至孝，母殁逾年，哀毁卒。承基子宗寿，字介眉。恩荫生，官至浙江候补道。书宗欧、褚，中年改颜、柳,临《论座帖》尤佳。有至性,曾刲臂疗母疾。

朱锡彤,字贶斋。善画兰,清逸有致。

李尚暲,字竹孙。太学生,家闵行。博通经史百家,橐笔游幕,历齐、晋、燕、豫,名藉甚,秉性耿介,不轻干谒。工书,学欧阳率更,精篆隶,擅铁笔。卒年六十余。著有《汉瓦砚斋杂录》《优盉罗室诗文钞》。(妻钱氏工书,列《闺彦》。)

徐晋侯,字侣樵,号幼甫。少习贾,旋弃去,发愤力学,与诸名士缔交,切磋获益。工书,善墨梅,喜吟咏。兼通医理,精推拿法。

赵履鸿,字雪生。诸生。画山水饶有天趣,墨梅尤古雅。弟履中,字丽春。喜种竹。工倚声,因改名淇,字词甫。书画初法南田,后从嘉兴朱俛游,幽秀豪爽,

明　李流芳　雨中山色图

兼擅厥长。著有《竹窗词》二卷。

唐尊恒，字子久。博学能诗，善墨兰，工书，精金石考据。

张伟，字眉雪。诸生，敦朴好义。画山水，得四王法度。并工诗，著有《竹冈诗钞》二卷、《俞塘联吟》一卷。

顾曾铭，字新园，号壶叟。恩贡生，同治中补举孝廉方正。工画花卉。居乡不至城市者几四十年。卒年八十五。

萧承萼，字棣香。诸生。工小楷，取法晋、唐间。写花卉深得瓯香神韵。著有《撷红馆诗钞》《微波阁词》。

子云经，字曼公，号卿台。工书，米、赵兼参。历官江西萍乡、庐陵、赣县、龙南等县知县，勤政爱士。著有《天悔阁文集》《怀湘阁诗集》。

明　沈周　京江送别图

明　沈周　垂钓图

145 卷二

明 沈周 庐山高图

明 沈周 青山红树图

十月滑閒陣子成甫居堂上白雲生有人來問誰持贈万叠千重是我情久美趙君知平老掋批聨遠以漢鼎為贈用助齋齋日長焚沉悦性其忠多矣久美讀書好古干書畫尤羊嘉焉囙作春雲叠嶂圖報之媿莫敢施也成化新元乙巳夕日 長洲沈周

明 沈周 春云叠嶂图

西门藻,字子云。诸生。工山水,喜仿李长蘅、沈石田二家。

孙逢吉,字迪夫。诸生。善书画,尤长铁笔。

郭儒栋,字垚森,号松云。恩贡生。书学平原《论座帖》。性孝友,光绪元年,举孝廉方正,力辞。卒年八十。

黄锡恭,字协卿。廪贡生。能山水,学华亭颜朗如。兼精医。卒年八十余。

赵羹梅,字鼎调。诸生。工草隶。

王道,字海鸥,号锄园。嗜书好古,笃学力行,于董香光书,深得三昧。晚年学益纯粹,精力弥满,骨老气苍。曾游日本,名噪彼都。

潘承湛,字露园。喜收藏,书学东坡。能画花卉,尝延秀水名士陶绍源于家,探讨画理。官知县,分省浙江,将赴会稽县任而殁。子俊麟,诸生。精鉴古,亦能画。

毛树澂,字春孙,号澂伯。好古,精鉴别,富收藏。江浙书画名士多相投契。华亭胡公寿安砚其家有年,朝夕观摩,因是通书画。尝与诸名士合写梅兰竹石,沆瀣一气,观者叹美。(室陆氏工画,列《闺彦》。)

清　任熊　姚燮诗意图册　第八开

　　汪涛，字静岩。嗜书画，富收藏。画花卉，得秀水周存伯指授。

　　戴鸿，字芦溪。精医理。擅写梅，笔力雄健，似大梅山民。

清　任熊　姚燮诗意图册　第一开

徐楑，字墨君。善书，并精医理。

顾炳钟，字鼎卿。工书，取法欧阳率更，为曹桐华入室弟子。

苏鲛，字梦渔。弱冠工书，尤善大草。晚年学益进。

性嗜酒，知者恒以酒易书，兴酣落笔，气势愈佳。

袁潮，字子辛。工仕女。

杜铭，字尧臣。工山水，喜用渴笔，皴法细腻。嗜饮，得酒力助，画兴益豪。

张孝庸，字平甫。工书，篆隶真草，无所不能。绘山水，笔意苍古。并精医。

曹钟秀，字撷亭。工丹青，师钱慧安，后专事绘图。任制造局翻译馆绘图四十余年。

清　任伯年　花卉册页

清　任伯年　人物图

清　任伯年　三羊开泰图

清　任伯年　花鸟册页

徐祥，字小仓。初学画于钱慧安，继师任颐。花卉人物，均能自出机杼。画山水，气韵生动，在横云、南湖之间。并善昆曲。年仅中寿，人咸惜之。子杰，字绍仓。画花鸟。

沈兆沅，字小竹，号兰淑。工书，善花卉，兼精传神。设十二楼笺扇肆于豫园。能昆曲。

沈景，字星祥。秀水张熊弟子，工山水。

潘贲，字子端。钱慧安弟子，力学有成，笔致韵秀。

曹基增，字艺心。能山水，刻画工细。本洪志后人，其画盖得之家学。

石钟玙，字寿生。钱慧安弟子，工人物、仕女。并善昆曲。

王楚玉，字韫山。画山水，喜用湿笔，善临摹。

王荃，字友棠。朱偁弟子，工花卉，秀艳投时。

周容，字少屏，别号未了头陀。擅花卉，与秀水朱偁同居，研究画理，深得其法。

张溁，字味莼。工隶书，秉性落拓，放情诗酒，终身不娶。

黄琮，字二艼。光绪时诸生。工书，善擘窠大字。深味禅悦，有《金刚经注释》一卷。

郭庆培，字鸣皋。诸生。（原籍广东，入邑庠。）从胡横云学山水，笔意颇肖。

潘崇福，字子楼。善草书，学十七帖行楷，似梁山舟学士。工诗，著有《妙华居诗稿》。

张廉，字鹤生。本儒家子，工弈嗜画，不事生业，贫无立锥，落拓市廛间。画山水细腻熨贴，师法鸳湖老人。取值至廉，得钱不足供温饱，憔悴以死，年四十余。

杨秉汶，字鲁田。光绪时诸生，家引翔港。工画芦雁，著有《修梅生诗文稿》一卷。

周文彬，字菊屏，号研农。光绪时诸生，官安徽候补知县。工书，初学欧、褚，后宗李北海。偶画兰竹，亦有逸致。

赵增恪，字季笛。附贡生，精医学，官大理寺右丞，以京师官医局劳绩，保知府用。工书，通画理。

马昌焕，字倬云，别号画颠。诸生。（原籍广东，入邑庠。）秉性笃诚。嗜画，与钱塘周镛相友善，写山水得小米遗意。后就事于汉阳铁厂，以劳瘁疾卒，年未五十。

李秉璋，字楚峨。书学李北海，分隶篆刻，均得门径，力学早世。

先子灼三公，讳元俊。解音律，通壬遁术，兼精医。

官浙江县丞，住嘉兴六年，多识书画名士。能山水花卉，书学六朝，常以官事冗不及殚精为憾。四十岁后致仕家居，种菊艺兰，以笔墨自遣。自号退一居士。

续 录

曹华，字蟠根。钱慧安弟子，钱公门下极盛，而于华称许独至。宣统辛亥后二年卒，年六十七。

杨隽，字长清。书宗颜平原，后学苏眉山，临文待诏小楷秀媚有骨。宣统辛亥后三年卒。

王宗毅，字鹤僧，号垕生。承壎子。光绪丁酉选贡，癸卯举人，官内阁中书。工诗古文词，书学颜平原，尤精楷法。通音律，善鼓琴，文庙丁祭乐歌，搏拊琴瑟，延为教授。并长昆曲。宣统辛亥后五年卒。从弟宗骥，字小铁。承录子。书亦宗颜，兼工昆曲。辛亥后八年卒。

赵如虎，字敬伯。朱偁弟子，工花鸟。宣统辛亥后六年卒。

樊葆镜，字心存。诸生，工书，擅花卉、翎毛，并能篆刻。宣统辛亥后六年卒。

郁怀智，字屏翰，号素痴。以商业兴，耽嗜文学，能诗，书宗颜、米，兼擅擘窠大字。偶作画，喜仿云林。接物以诚，然诺不苟。广行善举，维持公益，创设学校，输资补助多至数十处。晚年商暇，研究棉桑种植，惟日孜孜。虽处城市，衣履朴素如乡居人。宣统辛亥后七年卒，年六十六，邑人私谥曰敦惠。有《素痴老人遗集》行世。

苏本炎，字筠尚。鲛次子。善书，承家学，工行楷，挺拔有势。由儒而商，力任梓桑公益，创设学校，振兴商业，有闻于乡。嗜饮兴豪，宵深不倦。宣统辛亥后八年，感时疾卒，年未五十。

卷三

寓贤

宋

米芾，又名黻，字元章。襄阳人，自号鹿门居士，又称海岳外史。官书画学博士，擢礼部员外郎，出知淮阳军。书画俱臻绝诣。元丰五年，来任青龙镇监镇，书《隆平寺经藏记》。（自署云："元丰五年春正月，襄阳米芾治事青龙。宾老相过出此文，爱而书之。"考《松壶画忆》："米元章《沪南峦翠图》，师法右丞。楼馆树石，俱极工细。此帧后入滇中陆氏。"）

元

赵孟頫，字子昂。兄孟侗于郡城本一禅院为僧（孟侗尝参宋丞文天祥幕府军事。宋亡，遁入黄冠。后入释，皈依郡城本一禅院中峰和尚），因是孟頫数往来郡境，游踪所至，手

165 卷三

元 赵孟頫 蜀道难图

元　赵孟頫　鹊华秋色全卷

迹遂留。邑未分南汇以前，新场报恩忏院，掘地出铁佛，瞿霆发、震发兄弟乞中峰和尚为铭，而孟頫书，方回所撰文以纪其事，相传为《铁佛寺碑》。又尝留止鹤沙镇，凡近镇寺院碑记皆其手笔。诸翟镇东秦家桥秦君瑞宅，孟頫曾寓居，有"为善最乐"题额。

邹时昌，常州人。毘陵失守，时昌避地吾邑。追慕先人祠墓不得，归绘《青山老隐图》，以示首丘之志。青山者，毘陵门名也。

元　赵孟頫　二羊图

高克恭，字彦敬，号房山。其先占籍大同。官刑部尚书。元末避兵海上，子孙世居焉。克恭画初宗二米，后用李成、巨源法，益臻神妙，艺院宗之。

元　高克恭　夏山过雨图

元　高克恭　春云晓霭图

宋　李成　寒鸦图卷

明

　　宋克，字仲温，长洲人，性伉直，以气节自励。善草书，深得古法，遂名于时。洪武中同知凤翔府，卒于官。

　　莫是龙，字云卿，以字行，更字廷韩，号秋水，华亭人。生有异禀，十岁能属文，十四补诸生，诗古文词，

意气豪逸，书画凌轹古今，一时名流无与抗席。时宰欲以翰院处之，是龙不屑也。居恒喜延奖后进，常若不及。著有《石秀斋集》十卷。殁葬邑中，子孙世居焉。（《南吴旧话》云："莫廷韩曾作一画，绝类大痴。徐孟孺、彭钦之、张伯复俱欲得，乃各呼卢决之。伯复大呼得，采袖之径去。"）

赵洞，字希远，华亭人。诸生。博学能文，董其昌、王时敏皆折节下之。福王时杨文骢作书招洞，洞曰："国事危如累卵，而君相犹姑为乐，此亡征也。"复书谢之。晚年以书画自娱，绝意进取。移居于邑西之梅花源，与沈求为友，遂终老焉。

清

吴泰,字在骄,号一侗,新安人。工书画,善鼓琴,寓诸翟永福禅院。康熙十七年,年一百一岁,犹能徒步行二十里,剧饮清谈,无异少壮。后卒于黄渡。

明 王时敏 浅绛溪山图(全卷)

吴历，字渔山，常熟人。诸生，所居有言子墨井，故号墨井道人。学画于王太常时敏，临所藏宋、元人真迹，艺大进，遂名于时。取画值以奉母。于书好法东坡。母殁妻亡，弃家浮海至西洋，入耶稣教会，经行数万里，极生平奇绝之观。归憩海上，居邑之东城十余年，画益奇逸，兼用西洋法，云气绵渺凌虚，迥异平日。康熙五十七年卒，年八十八，葬南门外耶稣会墓。工诗，有《墨井诗钞》《三巴集题跋》。

明　王时敏　山楼客话图

明 王时敏 松风叠嶂图

清　王时敏　落木寒泉图

明　王时敏　书画十六开

鲍历，字思远，昆山人。诸生。好古力学，长于书法，兼工诗古文词。

申兆定，字图南，号铁蟾，阳曲人。随父梦玺之松太道任，肄业申江书院垂八年，乾隆二十七年领乡荐，历任知县，有贤声。工分书，尤详审古碑碣文字。

王文治，字禹卿，号梦楼，丹徒人。乾隆庚辰第三人及第，官翰林侍读，出为云南知府。书法脱胎苏眉山，并得董思翁神韵，秀逸天成。并工诗。游沪时，寓乔氏雪石山房。孙堃，字小铁。举人，官内阁中书，亦任云南知府。书有祖风，山水近奚蒙泉。久住京师，与钱塘程容伯齐名。

张玮，字涑南，号髯道人，河南人。为苏松散官，奉檄榷关税来邑中。善书，其行楷多杂篆隶法。时作花鸟竹石，有青藤白阳风格。没骨牡丹，设色秾艳，而枝叶纷敷，具有气势，尤擅名于时。

顾清泰，字函三，宝山人。副贡，嘉庆初署上海县学教谕，孜孜以培养人才为急。工书，精汉隶，尝为成亲王所赏，延课王子书法。生平著作甚富，其《淞云草堂吟稿》，论者谓足嗣响梅村。

沈希轼，字二瞻，宝山人。家沪城，以诸生试棘闱，得风痹证。素工书，至是乃用左腕，字益遒劲。著有《焦桐集》二卷。

张澹，字新之，号春水，吴江人。孤贫力学，工诗善书画，并精医。橐笔游武陵，所交皆一时才俊。嗣入汤雨生都督幕，诗画益进。晚年卜居海上，鬻艺为活。诗才敏捷，而原本性灵。性极肫挚，与周浦计渤，初不相识，偶见所作，寄赠云："怜才陡发遗珠叹，竟有倾城在苎萝。"其倾倒若此。遭乱诗文散佚，所存《风雨茅堂稿》，王庆勋梓之。（续配陆氏，能诗工画，列《闺彦》。）

杨建泰，字轩山，号柳溪，余姚人。工山水，尤善用青绿。

乔协，字瑞山，号玉峰，南汇人。读书不多，而性殊慧，见佳画摹仿辄肖，山水、人物、花卉，无所不能。兼学写真。年二十余来沪鬻画，艺未大成而殁，时论惜之。

冯金伯，字南岑，号墨香，南汇人。以例贡官句容训导。工书，善山水，气韵生动。寓沪时住曹浩修之同兰馆，与曹甥唐建封对榻论画，通宵不倦。著有《墨香居画识》。

洪亮吉，字稚存，阳湖人。乾隆庚戌第二人及第，官编修。以言事获咎，遣戍伊犁，甫三月即赦归。自号更生居士，著作等身。曾游沪上，编其诗为《沪渎消寒集》。能书，工缪篆，并能画，偶一为之。

李廷敬，字味庄，沧州人。乾隆四十年进士，前后十任苏松太道。乐成义举，崇尚风雅，海内名流咸归之，于书画士尤多奖进。工诗文，能书，写《孙氏书谱》，尤佳。

改琦，字伯蕴，号香白，又号七芗，别号玉壶外史。其先本西域人，家松江。幼通敏，诗画皆天授。李廷敬备兵沪上时，风雅主盟，坛坫极盛。琦甫弱冠，受知最深。后画学精进，人物、佛像、仕女，出入龙眠、松雪、六如、老莲诸家。山水、花卉、兰竹小品，妍雅绝俗，世以新罗山人比之。诗近温、李，不多作，独好倚声，故题画之作以词为多。有集梓行。子篆，字再芗。画花卉能承家学，精鉴赏。

平畴，字耕烟，号种瑶，山阴人。才调清俊，于画学有神悟，偶尔落笔，便自不凡。随父宦游楚中，与黄毂原游，得其秘授，诣益进。南还以佐贰官沪上，无俗吏龌龊态。寓大境阁。其诗气骨雅健，清绝滔滔。

郭麐，字祥伯，号频伽，吴江人。贡生。一眉莹然如雪，时人呼为郭白眉。工诗善书。寓沪时住吾园，与园主人李筠嘉往还唱和，相契甚深。书宗黄山谷，笔力峭劲，风骨崭然。偶画竹石，别有天趣。著有《灵芬馆诗文集》。

孙坤，字眘夫，号漱庵，昆山安亭镇人。九岁时，蹑梯画吕祖像于壁，观者惊异。既长，习山水、花卉，力追古人。人物学陈章侯。客游吴门，无所遇，遂至沪。

索画者众，僦屋居焉。并工琢砚刻石。与邑中李筠嘉交善，吾园文酒之会，无不与。晚年写梅，仿罗两峰，饶有瘦冷之致。

费丹旭，字子苕，号晓楼，乌程人。工写照，尤精仕女，旁及山水花卉，一以轻清雅淡之笔出之。道、咸间寓沪甚久。

韩桂，字古香，武进人。从毕焦麓学画，并得其秘。兼工琴。晚年来沪，徐渭仁从之受琴学，殁后渭仁经纪其丧。

蒋宝龄，字子延，号霞竹，昭文人。工书，善画山水，诗才清逸，有三绝之称。道光时寓沪，常于小蓬莱集诸名流作书画雅叙，称一时韵事。所著有《墨林今话》。

龚海，字岳庵，海门人。山水师北宗，而颇具墨彩。与蒋宝龄同时寓沪。

颜炳，字朗如，华亭人。山水师王学浩，颇能神似。

胡大文，字野琴，山阴人。工山水花卉人物，画仕女尤秾丽。

郭尚先，字兰石，莆田人，嘉庆十四年进士。书入襄阳之室，兼善墨兰。官至大理寺卿。有《增默庵遗集》

《坚芳馆题跋》。

陈銮，字仲和，号芝楣，江夏人。嘉庆二十五年进士，以第三人及第。博极群书，诗文风发泉涌。书似李北海、米襄阳，中年更入颜平原之室。道光七年，任苏松太道。葺也是园为蕊珠书院，月课诸生，谆恳如师。官至江苏巡抚，署两江总督。有《耕心书屋诗文集》。

平翰，字越峰，山阴人。工书，宗晋、唐。道光九年任邑令。

陈率祖，字怡庭，别号磨厓山人，祁阳人。工水墨花卉、昆虫、鱼鸟，机趣横生。兼擅山水。曾官高桥巡检司，后迁嘉定令。

沈焯，原名雏，字竹宾，吴江盛泽镇人。初画人物花卉，后乃专力于山水。以文氏为宗，并参董思翁法，结构谨严，墨采朗润，胡横云、杨南湖辈皆师事之。

沈炳垣，字晓沧，桐乡人，嘉庆十五年举人。笃学工书，尤长汉隶。道光十年任邑令，历官苏州府督粮水利同知，泪西商通市，奏改松江府海防同知，移驻上海。去任后，主讲龙门书院。（道光二十四年豫园萃秀堂东偏神尺堂落成，沈公撰书楹联，至今尚存。联书隶字，朴茂似《华岳庙碑》。）

杨能格,字简侯,号季良,汉军正红旗人,道光十六年由进士入词林。工书,初法右军,晚学鲁公。咸丰三年任苏松太道,官至江宁布政使。

如山,赫舍里氏,字冠九,满洲镶蓝旗人,道光十八年进士。潜心内典,工小品文字,书宗北魏,以肥媚胜。兼擅指头画,欹奇苍莽,直欲追踪且园。曾任江苏督粮道,驻沪有年。

钱元章,字子新,号拜石,嘉定人。工篆隶,宗其家竹汀十兰家法,间写山水花卉,俱清逸有致。并精铁笔。寓沪数年,鬻艺自给。著有《三味斋诗稿》。

郭中孚,字桐川,南汇人。山水、人物、花鸟皆精妙,画蜀栈山川尤推能手。

宋希轼,字小坡,太仓人,为彭兆荪甘亭高弟。工诗,书学眉山,得神似。垂老颓唐,奇穷日甚,客于沪,鬻书以资其生。

姚燮,字梅伯,号野桥,镇海人。道光十四年举人。文辞赡丽,所作骈体文,诡玮特出。咸丰时,侨寓沪上。工画梅,巨干繁花,气体雄健,自号大梅山民。人物花卉,无不奇特。晚年稍病聋,潇洒好游。所得画资,挥霍立尽。于卖画之外,绝无所求于人。所著有《大梅山馆诗词》《复庄骈俪文榷》《玉枢金[1]籥》及各种传奇。

俞岳，字少甫，号子骏，震泽人。画学王椒畦，不喜施赭黛，尝取"不著色相"四字，镌为印章。工诗文，善倚声。

吴宗麟，字桥孙，号冠云，钱塘人，钦赐举人。书师米海岳，曾设萍花社画会于西城关庙，江浙名士一时并集。钱吉生、王秋言、包子梁合作《萍花社雅集图》，冠云自为记，以志其盛。（图记均锓板，藏钱塘闵氏，今从闵君翔藻索得拓本，录其记文如下："咸丰庚辛间，余既举萍花诗社消寒于上海县学署问字亭，同治壬戌，复就城西牧龙道院之自在楼船，集江浙诸名士结夏于中，仍名曰萍花，从其同也。起短至迄重九凡六集，集二十四人。去沪之日，诗集既付剞劂，画社亦就道院西圃，倩同社钱吉生、包子梁、王秋言三君共成斯图，貌二十四人于上。其据冬青舒长卷者，东为秀水周存伯，西为长洲严起云。依严坐次若有所评论者，则太仓倪夔侯也。次则茵褥并坐为陶锥庵、朱萝泉二公，皆嘉兴人，居平至契，多所欣赏。又次则徘徊阶下，乃吴江翁百城。与百城并肩，左手指画讲论者，即子梁也。其间有平台方丈依几端坐，执卷置膝者，吴江朱仁峰。其后据石仰视撚鬚

---

1 "金"字疑似讹误，正确写法为"经"。——编者注

者，为无锡秦君谊亭，以余与谊丈同客京师，故貌余于隔座，凭几执笔作搆思状。几上设古瓶，插菊数枝，明迄于重九也。转平坡折而西下，有短栏一道，栏外有倪小圃、刘竹滽并肩踯躅。平台之后拾级而上，则吴县钱云巢、长洲吴清卿在焉。循石而前，秋言、吉生与朱梦庐抵掌道故。最后趺坐石次者，则同里姚师岑芝。其依石作画者为顾梦芗，对梦芗谈笑之美髯公，则俞少甫也。俞、顾二公齿最长，名亦最著，群推为社长焉。小农闵君则翘足延企。侍立执卷者即其长君鲁孙也。末后正襟隅坐若涉遐想者，为费廉卿。骈足回视者，则嘉善陆静涛也。是举也，若工书，若工画，若者专精，若者兼长，名世寿世，必另有以足副者，斯图云者，不过志一时鸿爪而已。异日展玩之余，不啻如亲诸君子謦欬。至于人琴之感，聚散之缘，即今日已不胜感慨系之矣。同治三年嘉平钱塘吴宗麟记。")

顾春福，字梦芗，昆山人。工画人物、仕女、花卉，名噪东南。山水学王耕烟，用笔浑厚。兼精音律，善度曲。

秦炳文，字谊亭，初名泽，字砚云，无锡人，道光庚子举人。画擅山水，师黄子久、吴仲圭，骎骎及古，并精鉴赏。

倪耘，字芥孙，号小圃，石门人。工写照，兼画花卉、草虫，用笔雅秀，生动有致。

包栋，字子梁，□□[1]人。工人物，似费丹旭。

费寿康，字廉卿，震泽人。工山水，雅秀天然，胎息入古。

朱熊，字梦泉，嘉兴人。工花卉，师法白阳山人，尤有简逸之致。

华翼纶，字笛秋，金匮人。道光二十三年举人。藏书画极富，山水师麓台，下笔迅捷，元气淋漓。

冯桂芬，字景亭，号林一。道光二十年登进士，以榜眼入词林。精历算、勾股之术，务为经济实学，著《校邠庐抗议》。书宗欧、虞，工行草，疏秀简逸，别具畦町。避兵至沪，当事延主敬业书院，士林奉为矜式。江南机器制造局添建广方言馆，桂芬总司厥事，一切章程皆所议定。

周白山，字双庚，号四雪，余姚人。诸生。诗文奇诡怪特，不肯作一凡语。工书法，善刻石，出姚燮门下，而不愿附弟子列，时人目以为狂。奇穷，丐食沪滨，僦西园一弓地，垂帘买卜，卒无过而问者。嗣冒试江南获

---

[1] 原文佚失。——编者注

隽，为士子攻讦被褫，郁愤以殁。

任竹君，余姚人。工写《兰亭十三行》，楷法精妙。与周白山同时，寓沪甚久。（采自《瀛壖杂志》。后阅任熊绘《列仙酒牌》刻本，有任淇竹君序文，楷书精绝，洵胎息于《十三行》，文称渭长曰族子，审是则竹君固名淇，而为渭长之伯叔行。但渭长籍萧山，而此曰余姚，其传之有误欤？）

任熊，字渭长，萧山人。画宗陈老莲，人物、花卉、山水结构奇古，画神仙、道佛，别具匠心。寄迹吴门，偶游沪上，求画者踵接，不久留也。卒年仅四十余，有《於越先贤传》《列仙酒牌》等画谱行世。弟薰，字阜长。以人物、花卉擅名于时。熊子预，字立凡。工山水，别辟蹊径。疏懒落拓，至窘迫时，与以金，乃立应，颇得重价。卒年亦未五十，遗墨甚珍。

赵之谦，字益甫，号为叔，别号悲盦，会稽人。咸丰己未举人，怀才负奇，博通今古，与周白山友善，以文字相切确。所为文奇玮恣肆，浅学之儒，无从句读。家贫，局脊为童子师，不获温饱。通籍后官江西，历宰鄱阳、奉新、南城等县，颇著政绩。研精书画篆刻。于书初学颜平原，画则兼习南北二派，继而苦心精思，悟澈书画合一之旨。求笔诀于古今人书，得泾县包氏世臣、

清　任熊　十万图册

清　任熊　群仙祝寿图

清　任熊　十六应真图册

清　任熊　十万图册

清　任熊　十六应真图册

阳湖张氏琦所论著,而知钩、捺、拒、送万毫齐力之法,专力于篆、隶、八分及北魏书,遂臻神妙,更推篆隶之意以作画,山水花卉古茂沉雄,戛戛独造。又通作字之法于篆刻,规模秦、汉,印章古劲遒丽,迥绝恒蹊。时游沪滨,墨迹流传,人争宝贵。著有《悲盦居士文存》《诗剩》各一卷,《六朝别字记》一卷。

周闲,字存伯,秀水人,别号范湖居士。工诗文,善花卉,与萧山任熊友相契。画近熊,而稍变其法,笔

清　赵之谦　花卉图册

清　赵之谦　花卉图册

清　赵之谦　大吉羊富贵图

194 海上墨林：大师眼中的海派画家

清 赵之谦 牡丹图

气雄奇，古雅绝俗。咸丰时来沪，值寇至，随营助剿，以军功授官。

齐学裘，字玉溪，婺源人。能诗，工书法。寓沪住南园之湛华堂，与邑人毛祥麟为文字交最契。

龚橙，初名衫，又名公襄，字昌匏，号孝拱，又号太息，又号刷剌，仁和人。父自珍，海内大才，藏书极富，五毁于火，遂无寸帙。橙随宦居京师久，能识满洲、蒙古字。通小学，胸次渊博无际，嗜天竺梵书，朝夕讽诵。侨居沪上几二十年，性好挥霍，友朋投赠，到手辄尽。书法直追魏、晋，落笔险怪，横绝古今。

奚疑，字虚白，又字乐夫，号榆楼，又号方屏山樵，归安人。博雅多闻，善诗词，好画竹，风枝露叶，韵趣天然。咸丰时游沪。著有《榆荫楼集》。

叶懋，字未楼，华亭人。工书，以晋帖为宗，善擘窠大字，并能以鸡毫写篆。道光时寓漕河泾。

汪蕃，字屏山，休宁人。工山水，尤善画骡，寓高行黄氏四十年。

瞿然恭，字钦我，娄县人。书学李北海，善擘窠大字。寓沪时为人书匾额甚多。弟然畏，从子天潢，亦工书。

孟耀廷，字心闲，阳湖人。诸生。工大小篆及行楷书，喜写兰，不多作。著有《闲居散笔》。（蒋宝龄《墨林今话》云："心闲寓吴中最久，余于沪上识之。"）

潘鸿诰，字望之，嘉定人。嘉庆二十三年，乡举亚元。博学工书，出入欧、褚。钱竹汀称为畏友，陶文毅、林文忠先后督两江，与规画海运及吴淞诸水利。客苏松太道陈銮幕。嗜酒，饮酣落墨，尤见豪纵。子恭敏，字慎甫，同治三年举人。馆吾邑桑氏，善草书，得家法。尤喜陶成后进，邑中子弟好学者，集合字课，造门就正，造就颇多。后仕湘省，历宰清泉、武陵、永顺、溆浦等县，居官廉洁，所至有循声。卒于溆浦任，贫无以归葬。湘抚卞宝第曰："潘令身后清寒至此，是廉吏不可为也。"力助其子持丧归。（恭敏遗墨，闻吾邑潘氏、瞿氏、贾氏均有收藏。）

孙汇，字啸壑，庐江人。工鼓琴，貌清古，耽禅茹素，善画兰竹，与王梦楼相契，并工诗。著有《琴余集》。（蒋宝龄《墨林今话》云："曾于沪城旅馆遇之。"）

张鑫，字凤山，南汇人。钦旌孝子。咸丰间避乱沪地。善书，得鲁公笔法，师事同邑张文虎，洵洵有儒者风。

黄海，字卧云，婺源人。咸丰三年，避粤匪乱来沪。工书，擅绘山水，初宗董北苑，后仿荆、关，并精铁笔。住七年余，至庚申岁旋婺。

黄裕，字问之，原籍婺源，寄籍江宁。咸丰时避乱至沪。工诗，善画花卉，初师白阳，后法瓯香。著有《菜花剩语》四卷。弟铎，字子宣，号小园，又号鹭洲诗渔，偕兄同至，住三林塘。工诗，善书画，喜绘墨菊、松石，瓣香白阳。兼精医，著有《胠余集》四卷。裕子文瀚，字瘦竹。工诗词，善钟鼎篆隶，精铁笔，晶玉竹木无不擅长。有《揖竹词馆诗》四卷、《苍筤轩印存》四卷。铎子文珪，字星庐。诗画均承家学，亦工墨菊，左手画尤著名。有《酒痴吟草》一卷。

吴玫，字问石，江宁人。避乱寓沪。工山水，模龚半亩、张大风，花卉仿白阳山人。鬻艺为活。

俞彬，字小石，江宁人。吴玫弟子，随师至沪，工画。

羊毓金，字庚生，吴门人。粤匪陷苏城，避居沪上，寓于豫园。工汉隶，善画花鸟。

王朝忠，字蕴香，号梦霞，吴县人。勤学工书，尤精小楷。能于粒麻上书细字十余，见者叹绝。

凌德，字蛰庵，号嘉禄，归安人。初佐富阳诸县刑幕，折狱多所平反，旋弃去，以卖字糊口。咸丰间避乱至沪，与邑人士讨论金石书画，极一时之盛。善擘窠书，武林、吴兴诸胜迹匾额，多出其手。

钱松，字叔盖，号耐青，钱塘人。布衣。精鉴别碑版，尤工摹印。间画山水，设色苍古，有金石气。与胡震同时客沪。咸丰十年，浙省被兵，松在里居，城破阖门殉难，惟次子式被掠，得脱而归。

胡震，字鼻山，号不恐，富阳人。诸生。嗜金石，精篆刻，深究六书小学。所居室几榻屏幛，皆秦、汉碑拓，古趣盎然，隶字行书均高古。与胡公寿交相善。生平好立崖岸，酒后值伧侩辄怒詈，人因目之为狂。同治元年夏，卒于沪。永康应宝时理其丧，宝山蒋敦复为立传。

黄威虞，字渔玉，吴门人。工书，擅临《十七帖》。弟师虞，字协卿，咸丰十一年拔贡。精楷书，摹《灵飞经》尤神似。

张文楣，字云门，平湖人。善书飞白钟鼎篆隶，兼工铁笔。弟天翔，原名文梧，字梦龙，同治六年举人。善钟鼎小篆，工诗古文词。同治初，均旅沪上。

董晓庵，乌程人。工写梅，擅铁笔。

廖士铎，字石琴，江宁人。工人物、花卉。

殷葆真，字梦疏，平湖人。工隶书。同治时至沪，司理榷政。

徐方增，字晓云，平湖人。同治初客沪。长于隶古，临写汉碑无虚日。日本人深嗜其书，购归甚夥。弟泰增，字竹筠。工山水，宗法四王，水墨画尤清绝，为南皮张子青相国所赏。

王铭新，字涤卿，平湖人。书法二王，并工吟咏。粤匪乱后寓沪，襄理厘务。

刘其清，字蕴山，平湖人，诸生。书宗董香光。

刘德六，字子和，吴江人。工花卉，落笔秀逸，翎毛草虫，并臻佳妙。咸、同间至沪，画名甚噪。

莫友芝，字子偲，号邵亭，独山人。道光十一年举人，淹博嗜古，精小学，于《苍》《雅》古训，六经名物制度，靡不探讨，旁及金石、目录家之说，究极奥赜。工写篆隶，笔力坚凝，如炼金铸铁。曾佐曾文正幕，推重甚至。同治中寓沪。有《邵亭诗文钞》。

何绍基，字子贞，号东洲，晚号蝯叟，道州人。道光十六年由进士入词林。书法根据篆隶，真行书少学赵松雪，初变学颜平原，后以平原笔意，写《道因碑》数百通，遂臻化境。笔法雄健，矫若游龙。精说文、考订之学，旁及金石、图画、篆刻，凡收藏家碑版字画，视有绍基题跋为重。同治初寓沪，后卒吴门，年七十五。

王礼，字秋言，别号蜗寄生，吴江人。工画花卉，以北宋为宗，近师南田，而不袭其貌。寓沪甚久。

沙馥，字山春，长洲人，马根仙弟子。人物花鸟皆精妙，有时名。卒年七十余。弟英，字子春。学画于任熊，工人物花鸟。

杨柳桥，以字行，常熟人。工画细柳，青溪碧山，自成一派。弟柳谷，画如其兄。

钱凤鸣，字梅生，自号海鹤外史，太仓人。少从其戚李子卿学写真，后舍去，专心花鸟，笔近新罗。

尹小霞，常熟人。工人物，写仕女尤妙，艳丽中含静气，深得费家法度。

项燿，字子云，太仓人。能花卉，设笺扇肆于豫园，姚燮为题额曰飞云阁，沪上诸名士常于此雅集。燿复请业于秀水张熊，画更进。子寿梓，字森岩。画花卉有父风，并善昆曲。

吴云，字少甫，号平斋，晚号退楼，又号愉庭，归安人。举人，服官江苏，任苏州府知府。书宗颜平原，出何蝯叟之门，先得文选楼所藏齐侯罍，继得齐侯中罍，因号所居曰两罍轩。精金石考据之学。收罗宏富，又号二百兰亭斋。兼善山水及枯木竹石。著有《两罍轩彝器图释》。同治时，寓邑城四牌楼。

应宝时，字敏斋，永康人。道光二十四年举人，工诗文。同治四年任苏松太道，修复文庙礼器，创建龙门书院，政声嵒然。间写花卉，为公余清课，名士寒交，多所嘘植，于富阳胡震鼻山、宝山蒋敦复剑人相契尤深。（蒋殁，检其《啸古堂文稿》八卷，加跋付刊，时同治七年。）后擢江苏按察使，逾年乞养去官。有《射雕馆集》。

陶绍源，又名淇，字锥庵，秀水人。工山水，取法元、明诸大家，有空灵淡远之趣。诗亦清雅。寓沪时，住西仓桥潘承湛家。

俞樾，字荫甫，号曲园，德清人。道光三十年进士，以河南学政罢官，学问文章为东南一柱。工隶书，方整古朴，论者谓为得《校官碑》精蕴。同治五年修邑志，当道延为主纂。事已，聘任主讲诂经精舍，在城南也是园，题讲舍曰湛华堂、朴学斋。光绪初回籍，绝意仕进，以翰墨自娱。卒年八十余。著有《春在堂集》。

清　俞樾手札　二十四通

杨岘，字庸斋，号见山，晚号藐翁，又号迟鸿残叟，归安人。咸丰五年举人，服官江苏，署松江府知府。书法清奇，研精古隶，于汉碑无所不窥，神明变化，自成一家。兼工诗文，著有《庸斋文集》。

高树森，原名蔼然，字又村，仁和人。书法绝俗，出入颜、柳，与兄超然齐名。游沪时，为苏松太道吴煦记室，后入李文忠幕，襄订通商条约，历保至道员。卒年六十五。次子雨，字雨之。诸生，官两淮盐大使。书近苏眉山，精岐黄术，名动大府，卒年未五十。（长子邕，字邕之，晚号聋公。早有书名，体擅各家，根据篆隶，独行其是。

画亦偶作，意在八大、石涛之间。辛亥以后，黄冠儒服，不问世事，隐于海上，卖字疗饥。现存邕妻朱氏，能书，列《闺彦》。）

闵澄波，原名圻，字鲁农，钱塘人。诸生，名宿陈兆崙弟子。书学赵吴兴，并工篆刻。子钊，字小农。善画花卉，书承家学，精鉴古。孙沄，字鲁孙。工花卉，精篆刻。

屠鉴，字保三，钱塘人。诸生。工隶书。

汪善浩，字兰久，杭州人。举人。善山水，出入四王，兼长篆刻，工诗文。寄迹沪上，苏抚刘郇膏闻其名，延为西席。卒年未五十。

江亦显，字芷铭，钱塘人。诸生。书学褚河南，画山水雄浑可观。后任四川某县。

顾鸿，字瀛伯，钱塘人。诸生。书宗颜平原，似其舅氏程恭寿容伯。工诗文，苏松太道吴煦延入幕府。

吴鸿勋，字子嘉，歙县人。举人。工兰竹，曾佐曾文正幕，同治时寓沪。

吴恒，字仲英，仁和人。书宗北魏，不落窠臼，秀劲之致，得之自然。光绪初，任松海防同知。

莫瑞清，字直夫，吴门人。书在欧、褚之间，楷法尤妙，名重于时。

金鸿保，字兰生，嘉兴人。善画霜柯竹石，仿南田翁，颇能神似。

吴杰，字少兰，平湖人。工写照，为方肖庄弟子，笔法相似。背略驼，故又号肖驼。

黄鑫，字品三，南汇人。画山水。先世有秋圃者，以画名于乾隆时。家有烟霞阁，收藏甚富，鑫得力于此。

费仙梅，平湖人。善画蝶。嗜酒，年仅中寿。

郑锡麟，字成叔，仁和人。山水花卉仿冬花盦，绝无俗韵。

江煜，字春圃，安徽人。业医，擅画兰竹。

张云士，□□人。工书，究心《圣教序帖》三十余年。

王希廉，字雪香，四川人。工草书，龙蛇飞动，气势恢张。

陈还，字还之，□□人。书体怪特，论者拟之郑板桥。

凌惟一，字味闲，宁波人。画花卉，宗陈白阳，能篆刻竹木。

吴永成，字莲生，歙县人。以医名于时。写兰竹有古法。

陈琴生，南桥人。画人物、花卉。

余倩云，黄渡人。工写照，并擅山水、花卉。

顾沄，字若波，吴县人。工山水，泽古功深，汇四王、吴、恽诸家之长。清丽疏古，气韵秀出。沈秉成任苏松太道时，礼聘入署，每日临池，以相欣赏。

胡锡珪，字三桥，吴门人。工人物仕女，雅秀古艳，近改玉壶。

胡公寿，名远，以字行，华亭人，又号横云山民。工画山水、兰竹、花卉，萃古今诸家之妙，成一大家。江、浙名士无不倾服，谓三百年来无此作也。书法出入于平原、北海间，独具体势。诗宗少陵，清健遒炼。初至沪时，寓毛树澂家，后买宅东城老学前，颜所居曰寄鹤轩，方外虚谷时相过从。一日谈笑间，索虚谷写照毕，自题诗于上，末章有"今将拱手谢时辈，万里云山寻旧师"之句。不数月而卒。去留之际，似有先觉，年近七十。

朱印然，以字行，浙江人，胡公寿弟子。写山水气韵浑厚，能似其师。

蒋確，字叔坚，号石雀，初名介，字于石，华亭人。怀奇负才，离俗高远。书学李北海，独有心得。作山水、花卉，用焦墨钩勒，再以湿笔渲染，天然高洁，迥异时流。尤精画梅，于金寿门、罗两峰外，别开蹊径，雅秀清健，突过前贤，题识亦极精妙。诗雅淡如韦、柳。性嗜酒，客至默然对酌，弥日不乱。家贫，挟艺游沪。卒于豫园飞丹阁，年仅三十余，其友胡公寿、沈维裕、高邕理其丧。

郭福衡，字友松，华亭人。同治十二年举人。天才旷宕，跅弛不羁，画人物略写大意，逸趣横生，多长题，自署娄村老福。往来松沪，卖画自给。

任颐，字伯年，山阴人。真率不修边幅。画人物花卉仿北宋人法，纯以焦墨钩骨，赋色秾厚，颇近老莲。年未及壮，已名重大江南北。后得八大山人画册，更悟用笔之法，虽极细之画，必悬腕中锋。自言作画如颐，差足当一写字。间作山水，沉思独往，忽然有得，疾起捉笔，淋漓挥洒，气象万千。书法亦参画意，奇警异常。寓沪久，鬻画以终。

郳馥，字芎谷，诸暨人，任颐弟子。人物花鸟，笔力峭劲似其师。

陈允升，字纫斋，号壶舟，镇海人。好学

清　任伯年　群鸡紫绶图

公孫大娘舞劍圖
伯年畫稾 趙林熊題

清 任伯年 公孫大娘舞劍圖

清　任伯年　南瓜图团扇

嗜古，工草隶，画山水生峭幽异，笔力坚凝。光绪初寓沪。有《纫斋画剩》梓行。

戴以恒，字用柏，钱塘人，文节公熙犹子。画承家学，工山水，水墨画尤精。

戴兆春，字青来，钱塘人，文节公熙孙。入词林，工山水，曾主讲邑中蕊珠书院。

李承熊，字仙根，嘉定人。精写照，如镜中取影，百无一失，以此专长。并能花卉，不多作。

李奇，字北山，原名宗琦，字景韩，宁波人。研精篆隶行书，学文待诏。偶写兰竹，有逸致。并工诗，能镌章。殁年二十七，诗稿散佚无存。

黄宗起，字韩钦，又字霞城，自号懒霞，嘉定人。同治十二年举人。工书，初学山谷，晚年遍临唐、宋碑版，益臻浑厚。画仿大痴，具雄直气。诗古文辞为世传诵，著有《知止盦诗录文集》及各种游记。光绪初本邑陈丰记延为西席，卒年六十七。长子世礽，字浚初，号云孙，又号退斋。光绪二十年举人。能书，工诗文，寓沪馆王氏宗祠。著有《退斋诗存》《文存》各一卷，附《知止盦诗文集》后。卒年四十五。

张熊，字子祥，别号鸳湖外史，秀水人。寓沪最久。工花卉，古媚如王忘庵，山水力追四王、吴、恽，笔笔老到。书宗黄涪翁，间写隶书，樸茂入古。收藏金石书画甚富。颜所居曰银藤花馆，入其室，彝鼎卷轴，触目皆是。中年悼亡，不再娶。善昆曲，少饮微醺，高歌自乐。卒年八十余。（室钟氏能画，列《闺彦》。）

周镛，字备笙，钱塘人。童年嗜画，为张熊入室弟子。山水得四王神韵，未弱冠已名噪海上，达官贵游，墨林耆宿，悉相引重，叹为奇才。问书法于仁和高邕，尽窥奥窔。家贫，鬻画养亲。旁耽术艺，若围棋、投壶、蹴鞠之属，靡不精能。并肆力于诗古文词，苦吟成病。嘉定张颐以坊行《芥子园山水画传》旧本漫漶商于镛，重临付印，画四百余稿，不三月而书成，精力大耗。卒年仅二十八。著有《心莲华室诗稿》一卷。

袁鹤熙，字柏卿，吴县人。擅山水，早卒。

潘鸿，字岁宾，吴江人。张熊弟子，工花卉，笔致韵秀。

夏华士，字荣卿，秀水人。张熊弟子，善临古画，早卒。

孙介石，无锡人。张熊弟子，善临古画。

葛同，字顺之，慈溪人。张熊弟子，工山水。

钱慧安，又名贵昌，字吉生，宝山人，别号清溪樵子。幼从事于丹青，善工笔画，以人物仕女为专长。间作花卉、山水，均能自出机杼，不落前人窠臼。画名久著，时下风行。宣统己酉，豫园书画善会成立，公推为会长，值朔望日，辄临会所与会友相敦勉，必以道德为归。卒年七十九。次子书城，字筱侯。画承家学，先父殁。（附志《创设书画善会事略》："上海之有书画会，始自道光己亥之小蓬莱雅集，同治壬戌复有西城关庙之萍花社，自是而后，继起无闻。宣统己酉，姚君鸿、黄君俊、汪君琨，创议发起设书画善会于豫园，偕余就商于高先生邕，以是举为有益，与为规画，并拟章程，旋定赁得月楼旧址楼上为会所，三月三日成立，开会公推高先生为会长，执谦固辞，爰改推钱先生慧安。兹将原定章程列下：'沪渎繁会，甲于海内，其间善人之疏财仗义，济困扶危，名士之提倡风雅、保存国粹者，联袂以来，接踵而起，碌碌吾徒，附庸翰墨，硁硁自守，耕耨砚田。既不克与识时之俊杰共辅维新，复不能博济夫饥寒广行阴骘。同居江海，窃自怃焉。因念广厦大裘，固足庇其风雨，微尘涓露，或亦补乎海山。虽解推之力巨细不同，揆其见义勇为之举，同是当仁不让之心。爰集同志创设书画善会，赁豫园得月楼上为会所，书画之余，藉可纵谈今古，陶淑后生。所有公定润例，暨章程附后，应纳之润，半储会中，存庄生息，遇有善举，公议酌拨，聊尽善与人同之意云尔。书例，四尺内整张直幅壹羊，四尺外加一尺加半羊，纸过六尺另议。对开条幅照整张例七折。横幅照直幅条幅例加半。手卷每尺册叶每张各半羊。纨折扇同上，镜屏加倍。扁对及碑版、寿屏书撰不能合作者，归专件例论润。画例，照书例加倍。点品工细长题及金笺、绫绢，均照例加倍。其余书画各件另议。一、创设此会时，已早议定，书则钟鼎、小篆、八分、六朝、行楷、狂草，画则山水、花卉、翎毛、仕女、飞禽、走兽，咸应合作，即偶有独作之件，亦必另手题款，不仅别开生面，且可各尽所长。但书画家大半都仗砚田，因须先筹公私两全之法，庶可共坚始终乐善之诚。今亦议定所收之润，半归会中，半归作者，如遇指名专件，仍照各人自有润例，概归本人，与会无涉。一、会中诸子，有精于鉴赏而懒于动笔者，有偶尔著笔迥不犹人者，有苦学多年笔墨可观尚未行道者，有行而未盛者，有盛名而乐善愿同减润者，有虽不在会而乘兴至此见猎心喜偶然动笔者，凡有书画，挨号共商合作，总以能邀大雅之赏者为酬应，均勿草率塞责，借善名而唐突，致玷夫清名。而赐顾者，亦勿专指何人。如合作之件，定欲指名某书某画某署款者，不能照善会润例，代为问明作者再应。一、本会甫经创设，如房租、器具、用人、茶水、杂用各项，经费难筹，现经同人公议，入会者每人月助洋银半元，共扶善会。或按月先付，或润内补提，各由自便。如经费有余，亦归善款，俟试办一年有无裨益成效，应增应减应止再议。一、会规不厌严密画一，会长几人均已推定，干事者亦已有人担任，惟管理款目一事，尤为全会成败枢纽，亦应首先举定，但动笔者专心书画，势难兼顾。会中尚有愿助会费不愿动笔者，其勇于为善，早为同人所钦佩，宜于此中公举一人，专掌庄折帐据及稽核收付各款，每月底缮明征信单,实贴会上,俾众观览,以示大公。至于诸子到会,只备清茶一盏,其余未敢供应,以节浮费而重善款。一、本会虽经同人一再公议,始得粗定章程,尚恐未能尽善,持久终难,如有未及思议者,海内书画家定多高明之士,尚冀愿来赐教,以匡不逮,则同人之幸,亦善会之幸也。现在入会诸子已将百人,谨以先后入会为次,另单列名先刻附览,俟有后来诸子再行按季续列。宣统建元己酉上巳同人公议于浙西四子息笠处。'此项章程,至今遵守,夏令施药,冬季施米,岁以为常。遇有别处灾荒,视会款盈绌酌量补助。是会自己酉至今岁己未,正届十周,附志于此,以存崖略。")

翁庆龙,字巳兰,绍兴人。工书,学宋四家,于黄涪州书致力尤深,寓沪甚久。

朱铨,字莘伊,嘉定南翔镇人。工山水,仿石谷子法。

徐涛,字海山,号枚盦,吴门人。嗜古,能篆刻,写隶学《张迁表》。间画山水,有清致。

杨伯润,字佩甫,别号南湖,又号茶禅,嘉兴人。父韵,工书画,藏名迹甚多。伯润幼承家学,临古不辍,因以成名。咸丰之季,避乱来沪,鬻画养母。其画初尚浓厚,中年后造诣精深,渐归平淡,雅秀之气为诸家所莫及。书近颜、米，秀骨天成。工诗，有《南湖草堂集》八卷，《语石斋画识》二卷。殁年七十五。（曾任豫园书画善会会长。）子起诚，画承家学，卒年未五十。

盛烺，字烺卿，镇江人。经商于沪。书学颜平原，兼参苏、米。

范元熙，字春田，吴门人。书法欧、褚，擘窠书尤佳。

陆应祥，字静涛，嘉善枫泾镇人。画山水宗四王。晚年目失明，绘事遂废。

朱偁，字梦庐，号觉未，嘉兴人。画花鸟取法王礼而不袭其貌。五十后，画尤精进，脱去少时霸气，及门甚盛。卒年七十五。

丘良勋，字竹艿，吴江人。朱偁弟子，工花卉。

唐培华，字子禅，吴县人。画人物仕女，宗费丹旭法，雅秀妍丽，动合古法。弟培元，字振之。画如其兄。

金德鉴，字保三，元和人。精医，悬壶沪北。工山水，细腻熨贴，深入古贤堂奥。仿文、赵大青绿尤精妙。（室陆氏能书，列《闺彦》。）

江家宝，字垚山，号芝田，吴门人。金德鉴弟子，画山水有古致。早卒。

韦子均，吴江人。工人物，法陈章侯。

王冶梅，名寅，以字行，上元人。山水、兰竹、写意、人物，别饶意致，尤工写照。有画谱行世。

程曾煌，字研君，□□人。工墨梅。

项焜，字友梅，太仓人。工花卉。

殷淦，字丽生，吴门人。工传神，亦善人物、花卉。

祝凤翥，字听桐，吴县人。精琴学，工花卉、人物，兼长篆刻。

汪树鋉，字云巢，广东人。工小楷，骨肉停匀，愈小愈妙。

钱元湜，字季持，别号愚溪子，嘉定人。工篆隶。

廖纶，字养泉，成都人。以知县官江苏。书学颜鲁公，魄力沉雄，独具体势。于旧拓碑版尤精鉴别。

郑惟善，名魁，以字行，黟县人。工山水、松石，并精医术。

时乃风，字鄂卿，仁和人。宦游寓沪。工书，得颜平原神髓。兼写篆隶。署松江府知府，卒于任所。

胡寅，字觉之，桐城人。善人物、鱼鸟。子璋，字铁梅。工山水及写意人物。久寓沪上，旋游东瀛，画名甚噪。

邓启昌，字铁仙，江宁人。跛一足，自号跛道人。工花卉，笔意劲峭，横厉无前。

姚銮，字栖谷，石门人。吴滔弟子，工山水。寓沪未久，即归。

吴格，字梅隐，别号眠鹤子，吴江平望镇人。家有八慵园。工山水，宗董思翁，气骨苍老，并擅花鸟。卒年七十余。

马涛，字镜江，宁波人。工人物，宗陈章侯，并擅花鸟，画意活泼，笔如游龙。有画谱行世。

陶咏裳，名炳吉，以字行，江宁人。专画仕女，姿容秀丽，意态孤冷，独异于时。并工楷书，喜临《十三行帖》。

胡杰，字仙锄，绍兴人。工人物花鸟，近山阴任氏。寓沪年余。

朱彝，字小尊，别号铁岸道人，芜湖人。传神极妙，并工花卉，后入制造局绘图处。

舒浩，字萍桥，宁波人。工人物、山水、花鸟，工细缜密，雅秀天然。

周峻，字云峰，涪州人。工画细竹，有渭川千亩、烟雨迷离之致。

孙楷，字子书，□□人。工画竹，学梅道人。

高煊，字不危，□□人。工画梅，峭劲合古。

汤经常，字壎伯，归安人。书法颜平原《论座帖》，浑厚流丽，墨气清腴，见称于何道州。

卫铸生，名铸，以字行，常熟人。书法颜平原，苍劲古茂，有金石气。并工铁笔。

徐三庚，字辛穀，号袖海，别号金罍山民，上虞人。工篆隶，得《天发神谶碑》三昧。刻印与书法相通，体势逸宕，似赵悲盦。

何长治，字鸿舫，青浦人。精医，悬壶北市。工行书，胎息颜平原，气势磅礴。

吴淦，字鞠潭，钱塘人。工文，精楷书，得晋、唐人家法，以行书应世，运笔洒脱，瘦硬通神。

金继，一名慎继，字勉之，号免痴，吴县人。书宗董香光，以韵胜。工写兰，下笔敏捷，一日可竟百余纸。尝以书画售资助赈，人来填户，当众挥洒，顷刻而就。沪之有书画助赈，自慎继始也。

郭宗仪，字少泉，嘉善人。书法《兰亭》，风神飘逸。工画松鹤及菖蒲、寿石、盆兰，饶有韵趣。

张国华，字绿初，华亭人。书体不知何宗，以倔强取势，而转侧关合，动中矩矱。

赵疃，字伯迟，钱塘人。工书法篆隶，尤精写花卉，浑厚奇古，摹赵悲盦而稍变其法，与甜俗一派不同。著有《隶有》六卷。

唐光照，字锟华，歙县人。服官江苏，曾任江宁府知府。工书精楷法，收藏书画名迹至富。梓有《蝴蝶秋斋画谱》。

毛承基，字华孙，钱塘人。工篆书、分隶、钟鼎、砖文，古雅有致。

居福田，字少农，号淞蟾，青浦人。诸生。工楷法，出入晋、唐，笔致婉丽，秀韵独绝。弟福基，字小农，号寿耘。工山水。

吴善恭，字镜芙，休宁人。诸生。精小楷，写《灵飞》《黄庭》尤妙。

吴嘉猷，字友如，元和人。幼习丹青，擅长工笔画，人物、仕女、山水、花卉、鸟兽、虫鱼，靡不精能。曾忠襄延绘《克复金陵功臣战绩图》，上闻于朝，遂著声誉。光绪甲申，应点石斋书局之聘，专绘画报，写风俗记事画，妙肖精美，人称圣手。旋又自创《飞影阁画报》，画出嘉猷一手，推行甚广。今书肆汇其遗稿重印，名曰《吴友如画宝》。（同时金桂蟾香、张淇志瀛、田英子琳、符节艮心、周权慕桥、何元俊明甫、葛尊龙芝、金鼎耐青、戴信子谦、马子明、顾月洲、贾醒卿、吴子美、李焕垚、沈梅坡、王钊、管劢安、金庸伯，俱绘《点石斋画报》，均有时名。）

翁同龢，字叔平，号瓶生，晚号松禅，常熟人。咸丰六年进士，以第一人及第，学问经济为海内宗仰。书法颜、李，沉雄遒健，近代书家推为巨擘。官至户部尚书、协办大学士、太子少保。晚岁罢官，屏弃文字，参证至道，间作小品山水，古致落落。卒于里，予谥文恭。生平无传刻文字，惟有卷册手札遗墨石印流传。

李文田，字芍农，号仲约，顺德人。咸丰九年进士，以第三人及第。书宗北魏，风格遒上。熟于西北舆地历史，旁及医方壬遁家言，靡不精综。官至礼部左侍郎。

鲁琪光，字芝友，南丰人。同治七年由进士入词林，官至济南府知府。书法以率更之遒劲，兼海岳之姿致，运笔精勤，日挥数十纸不倦。

袁昶，字爽秋，桐庐人。光绪二年进士，曾肄业于龙门书院，淹通经义。书学钟、王，秀媚入古。历官太常寺卿。庚子拳乱，廷臣盲从，抗疏力争，以此触忌，与许景澄、徐用仪同时被难，追谥忠节。

杨文莹，字雪渔，钱塘人。光绪三年由进士入词林，官编修，记名御史。书宗宋四家，行笔矫健，以瘦硬取姿。

江标，字建霞，号萱圃，元和人。光绪十五年由进士入词林，邃于词章、训诂之学，精小篆，行楷学苏眉山，兼擅画兰。曾任湖南学政。有《灵鹣阁丛书》。

费念慈，字屺怀，号西蠡，武进人。光绪十五年由进士入词林。博闻强识，笃学媚古，精鉴赏，书宗北魏，行草尤流丽有致。

华世芳，字若溪，号蕺斋，金匮人。光绪十一年优贡。泛滥百氏，精畴人术。在沪时应求志书院课，辄冠其曹。书学东坡，骎骎入室。鄂督张之洞奏保经济特科。

姚孟起，字凤笙，吴县人。书宗欧阳率更，隶书略仿陈曼生。

陶焘，字贻孙，吴江人。工山水，笔意峭拔，皴法疏简，焦墨苍苔，别有意趣。

徐惟锟（一作琨），字锷清，平湖人。廪生，晚号聋公。书法率更，兼长分隶。子善闻，一名豫，字拜昌，号韩堂。工隶书，取法《曹全碑》，兼擅篆刻。早卒。

陆增钰，字渔庄，平湖人。善山水，与戴文节从子以恒友善，故画法近戴氏。

徐麃，字甸南，号彦英，平湖人。书学欧阳率更，兼临魏碑，风骨遒劲。

管廷祚，字永伯，号琴舫，嘉定人。同治六年举人。工诗，豪饮善书。寓沪有年，后选泰州学正，终于任所。

马文熙，字子良，吴县人。画宗南田，与邑人徐允临友善，讨论六法，深相诉合。卒年六十八。

吴云伯，吴县人。工山水，笔意似杨南湖。

吕鸣谦，字吉垣，湖北人。写老松。怪石、鹰隼、大鹤、羊马、狝猴之属，笔力雄伟，大幅尤佳。

汪益寿，萧山人。画人物宗任氏，而稍变其法。

钟德祥，广东人。由进士入词林。书宗欧阳率更，以瘦硬取势，自成一格。

蒋笑山，安徽人。业医，善写兰。

钟应南，字心查，广东人。业医。善画竹，纵情挥洒，不拘拘于绳尺。

沈铦，字元咸，号诚斋，娄县人。恩贡生。工画山水，似胡横云，尤精汉隶。光绪初寓沪。

沈祥龙，字约斋，娄县人。优贡生。善隶书。

臧毓麒，字辰田，号莲夫，长兴人。恩贡生。工书，得褚河南意。先肄业于龙门书院，旋仕苏，署太仓州州同。兄道鸣，字冶夫。工书，擅墨梅。

徐亭，字鹿苹，绍兴人。工草书，寓沪鬻字。年七十余卒。

凌霞，字子与，号尘遗，又号病鹤，晚号疣琴居士，归安人。孤介寡言，深于六书之学。善写梅，水墨数笔，若不经意，而冷韵高情，足与金俊明相颉颃。书法董香光，绝无俗韵。并工诗文，有《三高遗墨楼集》。

金容，字容伯，吴县人。善山水、花卉、人物，精于鉴古，仿四王、吴、恽及椒畦、玉壶、晓楼诸家画，辄能乱真，得重值而己名则不著。一署己款，即不获售。

胡钁，字匊邻，石门人。工篆刻，书法古雅。

张溶，字小斋，扬州人。工人物、飞走，孑孑独造，画马尤著名。

严信厚，字小舫，慈溪人。工行草，善画芦雁。嗜碑帖金石，收藏甚富。有《小长芦馆集帖》。早岁请缨，佐李文忠幕，嗣在沪创兴商务，为实业家，总理上海商务总会。卒年六十九。

吴穀祥，字秋农，嘉兴人。初住虞山，后来沪上。画山水远师文、沈，近法戴文节，苍秀沈郁，气韵生动。

并擅人物、花卉、北游京师数年，归沪画名大噪。卒年五十余。

吴大澂，字清卿，号恒轩，吴县人。同治七年以进士入词林，授编修，历官广东、湖南巡抚。光绪甲申中日之役，奉命督师出关，无功获谴，遂回籍。幼精篆书，中年以后，又参以古籀文。兼长丹青，工山水。喜收藏古金石，得宋微子鼎，有"为周客"之文，"客"字作"愙"，因自号愙斋。同治初曾寓沪，入萍花社书画会，解职后当事者聘任龙门书院院长。卒年六十八。所著有《愙斋诗文集》《古籀补》《古王图攷》《恒轩金石录》，考定钟鼎文及手书大篆《论语》《孝经》，皆为学者所珍。

吴滔，字伯滔，号铁夫，又号疏林，石门人。工山水、花卉，皆卓然成家，不落恒蹊。所作山水多水墨，不借色于赭黛。性淡泊，不慕荣利。又善书工诗。著有《来鹭草堂集》。

殷宝龢，字纪平，丹徒人。书学赵文敏，楷法尤工。父业笺扇，设肆于豫园得月楼旧址，即以为名。宝龢廋居鬻字，弹琵琶称高手。后目失明，笔墨遂废，惟以琵琶自娱。（得月楼扇肆停闭后，其楼屋即赁为书画善会。）

李曾祚，字幼臣，□□人。工行楷。

张颐，字吉士，号养和，嘉定南翔镇人。工书，楷法似吴淦。间写山水，亦有韵致。并精花木栽种法。与周镛交相契，镛手临《芥子园山水》四册，颐助资印行。

王廷瑞，字玉如，漳州人。擅画兰，笔致韵秀。

梅调鼎，字友竹，慈溪人。品行端谨。书法二王，诣臻神妙。

王锡祉，字介繁，江宁人。画山水人物，有先正法度，尤善画马，能于八寸幅中作马百余匹。并谙制琴。光绪季年殁于沪。

王绶章，原名言纶，字次宣，平湖人。诸生，以佐贰官江苏。能诗，工书画，擅长花鸟及藤本，见赏于苏藩许应鑅。许去亦遂投闲，寓沪数年，鬻画自给。

许静臣，松江人。工花卉，笔致爽健。

韩璋，字璧人，宁波人。擅人物、花卉，早卒。

陈豪，字蓝洲，晚号迈盦，仁和人。优贡知县，分省湖北，任汉川县，有政声。书学苏眉山，画似文湖州。山水花卉，均有清韵。

屠兆鹏，字古凤，号乔云，晚号了道人，嵊县人，廪生。精心六书之学，评校《段注说文》，其引伸、假借、会意之恉，皆有前哲所未发明者。专写竹，折衷梅道人、傅啸生诸辈，笔意苍劲，有金石气。安吉吴缶庐诗有"奇穷了道人"句，盖指乔云也。缶翁寓沪，师延至家，课其二子。

凌砺生，名某，吴江人，廪生。书宗赵吴兴，得其神髓。精岐黄术，悬壶于沪南毛家衖，应手辄效。著有《医论》行世。

潘钟瑞，字麐生，别字瘦羊，晚号香禅居士，吴县人，诸生。作隋、魏书，精雅靡匹。长于金石考证，尝买櫂山塘，过龙寿山房，必读旧藏"血经"，考注缘末，再登虎阜，搜剔残碣，尽刊入其《香禅精舍外集》，并其诗集八卷。（"血经"者，元僧继公血书《华严经》也。明、清以来，名人题识殆遍。）

汪芑，字茶礄，吴县人。诸生。书法洒脱，别具天籁。工诗。贫甚，沪北鸿文书局延订校勘文字，所得薪修，尽以偿酒值，怡怡也。著有《茶礄山人诗集》十卷。

倪云臞，名某，广东人。以知县官江苏，性豪侠，工诗，写古隶有郁勃纵横之概。著有《云臞诗钞》。

秦云，字胕雨，别号西脊山人，长洲人。诸生。书学褚河南，气息醇穆。工诗，得宋人神韵。时来苏沪间。有《西脊山人诗稿》。

万钊，字剑门，又字涧民，鄞县人。书法得《黄庭经》遗意。工诗文，有《鹤涧诗龛集》八卷。

徐维城，字韵笙，丹徒人。书体古茂，有隋、魏风。工诗，尝与吴鞠潭学博游，著有《天韵堂诗集》。

茹麓泉，名某，嵊县人。优贡生。书学平原《论坐帖》，通经史，工古文，宗桐城派。曾应吾邑点春堂商董之聘，至沪理事，以悒郁不得志卒。

陆宗榦，字贞石，海宁人，诸生。书法似王良常。工词章，兼长篆刻，神会秦玺、汉碣之精，制作古茂。曾馆于吴缶庐家。

毕兆淇，字蕉庵，归安人。书学赵、董。工诗，得新城神韵。有《蕉庵随笔》。

潘志万，字硕庭，元和人，诸生。以藏有㝛鼎初拓本，故又字㝛盦。书宗颜《家庙碑》，间作篆字，深得古尊彝隽味。凡金石古匋文字，每一寓目必援证考据，无纤遗义。吴中潘文勤、吴愙斋皆佩其博雅，折节交之。

顾潞，字荼村，长洲人。秉性谨厚，善山水，得北宗胎息。

暴昭，字方子，长沙人。以军功积官得知县。善书，气骨开张，略似古磨厓。并工诗，著有《铙歌小唱》《塞上寒吟》。

施为，字石墨，归安人。诸生。为吴缶庐之妻弟。善书，若古籀文，兀傲自喜。工诗幽愁，尝以屈灵均自况。兼工篆刻，吸髓秦、汉，不轻视友朋。

冯锋，字梓臣，嘉兴人。光绪时举人。家贫，移寓本邑虹桥镇。书法潇洒，有董香光意趣。性落拓，耽酒豪吟。有《虹桥闲咏》。

沈翰，字藻卿，秀水人。诸生，以知县官江苏，风度整暇。工花卉，点染设色，深得蒋南沙神妙。

闵熙，字阊如，归安人。诸生。工诗嗜饮，醉眠酒肆辄竟日，尝自喻毕吏部也。善画蟹，有索画者必先以酒食饷，醉毕写生，极尽尖团状态，惜其术未闻于世。

施浴升，字旭臣，又字紫明，安吉人。光绪时举人。纵览典坟，学无不知。书似琅琊父子，古媚可爱。尝至沪，寓吴缶庐家，嗣试南宫不第，卒于京邸。乡人戴君为之舆榇南旋，并醵资刻其遗著《金钟山房诗文集》。

张度，字辟非，长兴人。官刑部郎中。工八分书，笔势恣横，书《张公方碑》，神意古茂，如读古匋文字。论者谓清季书家当与何蝯叟抗衡。金石之学尤精审焉。晚号辟非老人，更自署松隐先生。

汪煦，字符生，无锡人。为归安杨藐翁丘婿，官浙江知州，历宰黄岩、海宁诸邑。后以某案获谴，移家沪上。工诗词，书法亦奇兀，尽得迟鸿轩衣钵。

冯壮图，字小尹，云南人。诸生。年七十余，犹肄业于苏州之正谊书院。工词章，构意天然，独辟门径。晚年能作蝇头小楷，如大令《十三行》。著有《壮图诗草》。

程榜，字虎臣，嘉兴人。善山水，有疏逸之致，为吴梅隐宅相，尝曰："知名当出吾右。"惜不永年。

李超琼，字紫璈，合江人。同治十二年举人，历宰江苏大邑，光绪三十三年任邑令，有循声。公余赋诗，胎息髯苏。书法纵横洒落，别有意趣。卒于任。有《石船居诗集》传世。

金树本，字铁老，钱塘人。工诗，寓意浑厚，绝类古乐府，盖以质胜文者。其书古拙，若六朝造像。著有《怀越堂诗钞》。

杜连，字楚生，秀水人。诸生。能书工诗，清逸流丽，有王阮亭丰度。卒于沪。

吴保初，字彦复，号君遂，庐江人，为壮武公之裔，以父荫补官刑部郎中。性潇洒，书橅褚、赵，蕴藉如其人。并工诗古文辞，有《未焚草》一卷、《北山楼诗集》两卷。

沈汝瑾，字公周，号石友，常熟人。诸生。善书，取法钟、王。兼能画，亦别有天趣。诗才直逼汉、魏，古文基础韩、苏。著有《石友诗集》若干卷。性癖砚，蓄良砚百余，家有笛在月明楼，为庋砚之所，吴缶庐时为铭其砚。拓有《石友砚谱》二册。

张行孚，字子中，号乳伯，安吉人。光绪时举人。精心六书之学。工篆书，服膺泰山、峄山诸石刻，遒劲古茂。以馆尹家扬州，恒至沪与吴缶庐互相校勘。其纂述有《说文发疑》二卷、《说文揭原》一卷，已刊行于世。

吴育，字半仓，安吉人。缶庐长子。三岁即识字，十岁能属文，一时有神童之目。经传既毕，以《史》《汉》自课，宵深无倦。性嗜佛。书学隋、唐造像，笔意老拙。诗若文，力求古茂，自咏有"猿臂一舒格苍虎，马头所向窜群羊"句，为老辈所叹赏，谓似非幼稚所作，其不食人间烟火食矣。旋患咯血亡。著有《半窗杂志》《半仓闲草》。

金彰，字心兰，号冷香，又号瞎牛，长洲人。工山水，私淑王蓬心，诣臻神化。并擅花卉，画梅尤具特长，清隽似汪巢林。晚年病目失视，复明，画益疏古。偶来沪，不久留也。卒年七十余。有《金瞎牛诗集》。（瞎牛先生画梅，冷韵高情，秀出埃壒。曩有友人袖其目病乍愈所作梅花小幅，来索题，余曾写诗于上云："吾稽画史古与今，画梅圣手多姓金。前有金俊明，后有金冬心。金瞎牛生百年后，与梅写照工力深。瞎牛写梅三十载，铁砚磨穿笔头碎。目废犹能信手挥，焦墨浓圈见向背。横斜屈曲舞槎偧，似写朣仙醉中态。忽然开朗双瞳明，云翳尽汰风日清。庭梅一树亦含笑，挥毫快绝金先生。嗟余画梅亦云久，倔强生疏成老丑。独骑瞎马枉奔波，应对瞎牛呼负负。")

张子仁，□□人。擅人物、花卉，早卒。

钟明远，海盐人。擅人物、花卉，早卒。

蒲华，字作英，秀水人。善画竹，心醉坡公，花卉在青藤、白阳间。精草书，自谓效吕洞宾、白玉蟾，笔意奔放，如天马行空，时罕其匹。妻早卒，无子女，住沪数十年，鬻书画以自给。赁屋沪北，所居曰九琴十砚斋。左右四邻，脂魅花妖，喧笑午夜，此翁独居中楼，长日临池，怡然乐也。生平讳老，不蓄须，询其年，辄云六十余。其同乡杨伯润，年逾七十，常言总角就傅时，已闻蒲君名，与同人结鸳湖诗社，意兴甚豪，以年岁之比例推之，则蒲君之年当在九旬左右云。宣统三年，无疾坐化。平素笔墨不自矜重，有索辄应，与润金多寡亦弗计，人以其易弗重视，至殁后，声价顿增，视昔数倍。

续录

杨葆光，字古醞，娄县人。岁贡生，历任浙江知县，有政声。学问淹博，著作等身。工书，取法晋、唐，风格遒上，兼精隶古，朴厚近《华岳碑》。画山水，有逸气。罢官后，优游海上，囊橐萧然，鬻书画以自给。白发盈巅，意兴飚举，写诗填词，援笔立就。宣统辛亥后一年卒，年八十三。著有《苏盦诗集》。（曾任豫园书画善会会长。）子昌运，字小盦。工山水，先父殁。

马瑞熙，字禅樨，海宁人，附贡生。工诗文，作小品画，雅秀无俗韵。频年幕游，旋官江苏，在沪供差有年。以世变日亟，拂然去官。宣统辛亥后二年卒。（曾任豫园书画善会会长。）

宋石年，名海，以字行，海盐人。朱偁弟子，工花鸟。宣统辛亥后三年卒。

樊恭煦，字介轩，仁和人。同治十三年，以进士入词林，历官至司经局洗马，曾任广东学政、江苏提学使。书学赵松雪。宣统辛亥后三年卒。

闵泳翊，字园丁，朝鲜国人。本椒房贵戚，国亡避地沪上。以翰墨自娱，所居曰千寻竹斋。书学颜平原，擅画兰竹，笔气雄健。逢星期日辄招书画名流，宴集寓庐，流连文翰以为乐。旋以病遂辍。宣统辛亥后三年卒，其子奉柩归葬于仁川。

袁树勋，字海观，晚号抑戒老人，湘潭人。光绪十七年，由南汇县调任邑令，二十六年任苏松太道，有政绩，士民戴之，官至两广总督。精鉴赏，收罗甚富。书法气局开展，在苏、米之间。宣统辛亥后四年卒，年六十九。（在任时，属吏之能书画者，待遇特异，尤深契于高聋公，脱略形迹，不以僚属相待。卒后，聋公检其书札遗墨，装成尺牍，自题一诗云："读书无用将成丐，上帅怜才不论官。留有数行遗迹在，恩波涌出墨光寒。"盖亦一时知遇之感也。）

陶浚宣，字心云，会稽人。书宗六朝，笔力峻厚。宣统辛亥后四年卒。

蒋树本，字卓如，金山人。工书，少学二王，后学虞世南《庙堂碑》，临摹二十年。晚岁益臻超脱，行笔如枯篁瘦石，以疏落取势。宣统辛亥后四年卒，年八十四。

汪洵，字渊若，一字子渊，阳湖人。光绪十八年，以进士入词林。工诗文、行楷、真书，间架峻整，兼精篆体，规橅秦、汉，浑厚为工。鬻书沪上，垂二十年。宣统辛亥后四年卒。

胡琪，字二梅，安徽人。铁梅弟，工山水，宗法四王，深得古人胎息。宣统辛亥后四年卒。

吴石仙，以字行，金陵人。工山水，略参西画，独得秘法，丘壑幽奇，窅然深远，人物屋宇，点缀如真。画夏山雨景，渲染云气之法，莫窥其妙。画甚投时，粤人尤深喜之。宣统辛亥后五年卒。

杨守敬，字醒吾，宜都人。书以颜、柳植骨，行楷遒劲老辣，在苏、黄之间。隶字亦高古脱俗。宣统辛亥后五年卒。

陆润庠，字凤石，元和人。同治十三年进士，以第一人及第。书法清华朗润，意近欧、虞。曾主讲本邑蕊珠书院。庚子拳乱，两宫西狩，间关三千里达行在，代言草制，知眷特隆，历迁至太保、东阁大学士，冲主典学，奉诏在毓庆宫教授。宣统辛亥后五年卒，年七十六，赠太傅，谥文端。

巢勋，字子馀，秀水人。受画学于同邑张熊，工山水，并能花卉。有《芥子园画传全帙临本》行世。宣统辛亥后六年卒。

张祖翼，字逖先，桐城人。工篆书，尤精汉隶，使笔遒劲，有时名。宣统辛亥后六年卒。

黄杰，又名念祖，字仁甫，仁和人。诸生。书学平原《论坐帖》。宣统辛亥后六年卒。

熊声远，字文熊，福建人。工山水，宗石谷一派。宣统辛亥后六年卒。

孙廷翰，字问清，诸暨人。光绪十五年进士，授翰林院检讨，历充国史馆纂修，文渊阁校理。书法初学赵吴兴，后改颜平原。痴嗜古书画及旧版书籍。世居沪城。宣统辛亥后六年卒。

金尔珍，字少之，号吉石，秀水人。向居沪，精鉴古，工行楷书，出入晋唐，纯以韵胜。五十岁后专学苏书，更号苏盦，书体一变，进臻浑朴。偶写山水，仿麓台、墨井诸家，深得古致。兼长题跋，豫园书画善会合作之画，苏盦题识居多。宣统辛亥后六年卒。

范祝嵩，字云鄂，平湖人。诸生。书宗董香光，并工诗。旅沪为木业商董。宣统辛亥后六年卒，年七十八。

潘稼梅，以字行，秀水人。工山水，师法胡横云，并善写意人物。宣统辛亥后六年卒。

郑文焯，字小坡，号叔问，别号大鹤山人，高密人。

先世为关东海岛镇守协镇，从师入关，赐隶汉军正白旗下，故为旗籍。光绪元年举人。天姿卓越，才学富赡，工诗词，自名一家。书宗汉、魏，风格遒上。画山水，书卷之气盎然溢纸上。并精篆刻，摹汉极佳，襄苏抚幕前后十余任，时往来苏、沪间。国变后退居闭门，不闻世事，行医、鬻书画以自给。宣统辛亥后七年卒。

谢上松，字筠亭，安徽人。书宗颜、柳，气骨苍劲。宣统辛亥后七年卒，年至八十余。

许华，字韵庄，无锡人。工人物仕女。宣统辛亥后八年卒。

黄山寿，字旭初，晚号旭迟老人，武进人。善写工细人物，双钩花鸟，青碧山水，尤擅墨龙。客游宁波、粤东、津门，画名甚噪。拳乱后南归，寓沪鬻画，日无暇晷。兼写汉隶，于《石门颂》尤有心得。生平言行笃诚，乐于为善。宣统辛亥后八年卒，年六十五。

倪田，字墨畊，江都人。初学画于王小梅。人物、仕女及古佛像，取境高逸。光绪中至沪，佩任颐画，参用其法，水墨巨石、设色花卉，腴润遒劲，擅胜于时。并工山水。寓沪鬻画垂三十年。宣统辛亥后八年卒，年六十五。

恽毓嘉，阳湖人，寄籍顺天大兴。光绪十八年由进士入词林，授编修。书学苏眉山，墨采腴润，结构稳练。官至福建延平府知府。国变后，寓沪鬻书。宣统辛亥后八年卒。

梁鼎芬，字节庵，号星海，番禺人。光绪六年由进士入词林，官编修。淹贯经史百家，诗词清隽。书宗黄涪州，雅健清矫，风骨棱棱。甲申岁法越事起，疏劾北洋大臣李鸿章，因是罢官，时年二十六岁。受南皮张文襄之知，历主粤垣、宁垣、鄂垣各书院讲席十余年。庚子拳乱，两宫西幸，文襄以人才特荐赴行在，赏还原官，授武昌府知府，历官至湖北按察使，署布政使。辛亥国变后，孤忠耿耿，不遑安处，南北奔驰，募助续修崇陵工费，工成受崇陵种树之命。丙辰秋，奉诏在毓庆宫行走，为冲主傅。宫府鉴其忠贞，恩礼有加，赏赉稠迭。己未十一月，疾终于京寓，晋赠太子少保，特谥文忠。（梁公自乙酉罢官后，己、庚之际退避焦山，时来沪上，寓也是园之在水一方，闲居赋诗，自乐其志，是时书法精进，凡有请求，援笔立应。并为沪人士校阅文艺，谆切如师。）

陈明远，字哲甫，海盐人。廪贡生。工诗文，书学颜平原，结体近吴退楼，后改宗北魏。以道员需次粤省，曾随徐孙麒、黎纯斋两星使赴日本，充使馆参赞。又督办黔南矿务，时往来京、沪间。晚年病足，犹策杖谒孔林，上书当路，以兴办全国孔圣堂为请。宣统辛亥后八年十二月二十九日卒于沪。

卷四

方外

清

智函，字雪筏。住西林忏院，通佛典。书法二王，有《乔将军诗册》，藏顾培豫家。工诗，有《草兰龛遗稿》。

兴彻，号犀照，俗姓刘，江右甲族。襁褓中即不茹荤，喜趺坐，度江州能仁寺为僧，遭跌豁悟，著语录。游沪，驻锡铎庵。书法瘦削清峭，间写梅竹，清劲有古致。诗有《晶溪集》。

普泽，号昙润。居铎庵。书宗东晋，画法宋、元。及谈禅，意旨微远，有支遁风，时以为书画禅云。

澄照，出家于青莲庵，精内典。能诗画，尤善鼓琴。巡抚宋荦延至吴闾，卓锡沧浪亭，晚游黄山化去。

明照，字漏云。吴江人，翰林陈沂震次子。当家难时，逸出为僧。晚游海上，住铎庵。戒律精严，兼工诗画。著有《漏云诗草》二卷。

净子，不知何许人，或曰毗陵诸生而逃于僧者也。

时称空幻，时称寄痴，不知何者为名为号。顺治初，寓浦滨顾氏。喜以左手作行草。又临米南宫书，作反手字于纸背，向日观之，其妙倍于正面。后卒于邑中。

一泉，善画梅，书学米海岳，天矫不群，张文敏照器识之，笔墨半出其手。乾隆初，住法华寺颇久。

振锡，号鹤浦，邑人，祝发于慈云禅院，通禅理。工真草书，画亦入妙，旁及琴棋，无不精熟。邑中名士及诸寓公，皆乐与之游。道光二年坐化。

湘烟，名圣欣。出家小武当。工山水，意在法外。善鼓琴，徐渭仁尝从学焉。有洁癖，独处一室，翛然远俗。尤喜艺兰，莳花卉多异种。

如澈，号碧泉。幼失怙恃，居北梁明心教寺为僧，兼通儒理。善山水，深得元人三昧。年逾七旬，预知圆寂，同治三年坐化。

寄尘，字衡麓，湘乡人。工书法，善画兰竹、败荷、残菊，纵笔辄佳。出语谐媚，无蔬笋气。李廷敬任沪道时，与铁舟和尚同至沪城，有《载将书画到江南图》，一时题者如云。驻锡数月，游长寿寺句云"净坛风扫地，清课月为灯"，见赏于随园。

铁舟，名可韵，自号木石山人。本江夏名家子。书法近苏、米，写竹石花卉近青藤，间作山水仿倪、黄，笔意萧寥，有画外意。善鼓琴，王梦楼极叹赏之。渡江而东，名噪吴越。寓沪甚久，富室巨商以及酒楼伎馆，靡不乞其笔墨。所得润笔随手挥霍，或赠寒素弗恤。题画之诗，别饶风韵。后示寂于吴门。

柳溪，工山水，笔近四王，并善细笔青绿。尝居青浦，为福田绘纨扇作《焦山图》，于长江浩淼中，层峦突起，一树一石长仅寸许，佛寺僧寮隐约可辨，风帆沙鸟，天水混茫，可谓极工笔之能事。

莲溪，扬州人。工画竹石、飞禽、走兽，并皆佳妙。寓沪时，住一粟庵。

望云，工画人物、山水，曾住一粟庵。

虚谷，姓朱氏，籍本新安，家于广陵。粤匪乱时[1]，以参将效力行间，意有感触，遂披缁入山。不礼佛号，惟以书画自娱，山水、花卉、蔬果、禽鱼，落笔冷隽，蹊径别开。书法亦奇古绝俗。同时如任颐、胡公寿辈皆为心折。往来维扬、苏、沪间。来沪时，流连辄数月，求画者云集，画倦即行。光绪丙申，坐化于城西关庙，年

---

1 即太平天国时期。粤匪是清朝统治阶级对太平天国起义军的蔑称。——编者注

七十三。其徒狮林寺方丈恬盦自苏来，扶柩回葬于光福之石壁。生平诗不多作，辄有奇句，仁和高聋公编次《虚谷和尚诗录》一卷梓行。

竹禅，四川王氏子。避难出家，游踪遍吴、越，驻锡福田庵、龙华寺皆有年。绘水墨人物、竹石别有一派，非正宗也。

凤来仪，字古明，闵行洞真道院住持。善篆隶，尤工绘蔬菜，人得片纸皆珍之。

王涵，字溪云，太仓人。安澜道院住持。善书画，兼工墨竹，画法雄健。光绪二年夏，无疾羽化。

张鹤，字静香，城隍庙玉清宫住持。工画梅，善鼓琴，著《琴学入门》。

顾蔷坞，火神庙住持。画小青绿山水，别饶韵致。

闽彦

清

潘淑，字冰蟾，自号玉磬山女史。太常寺博士邑人李钟元继妻。能诗善画，工蛱蝶，有正侧偏反七十二法。著有《绿窗吟稿》。

归懋仪，字佩珊。邑人李学璜妻。擅诗书画，有三绝之称。曾为人作《醉花图》，题三绝句于上云："休问黄粱梦短长，人生快意最难忘。等闲肯放青春过，月地花天醉几场。""众香国里任盘桓，酒垒词坛境界宽。九十春光浓似锦，名花最好醉中看。""花影朦胧月影凉，醉乡滋味浅深尝。纷纷桃李轻开落，好向春风种国香。"有《绣余草》《续草》《三草》《听雪词》。

王毓曾，字紫霞，华亭人。邑人乔檀园妻。画本家学（父诒燕，字香雪，工写兰竹，华亭名士），兰竹兼长，风致韵绝，人谓似明时王友云。诗宗南宋，以神韵胜。

叶兰锡，字蕙芬，吴县人。邑人赵仙槎妻。善花卉，傅色妍冶，风致婵娟。画荷尤精雅隽妙，深得朱巨山渲染法。

张婀,字筠如,松江人。邑人乔香岑妻。工勾染花鸟。殆合清于、江香为一手,而兼擅其胜。尝画折枝牡丹小帧,露色风香,非凡手可拟。邑人褚文洲题其画册云:"绢素飞行五色霞,疏疏密密各成家。不题名字流传本,认作瓯香馆里花。""水氽浓淡晕轻烟,带露含风万种鲜。记得冶春曾见过,虎山坊口马塍边。"

黄承藻,字玉华。邑人李仁在妻。伉俪并善写兰,玉华兼能花卉,下笔劲秀,尤擅巨幅竹石,苍古突过前人。郭频迦题其画竹一绝云:"闺阁同酬翰墨勋,好从赵馆证前闻。因知不弄闲脂粉,自拓文纱写墨君。"

张绛珠,字蕊仙,华亭人。工部尚书温和公祥女,邑人赵光昌妻。幼习画,工花卉、园蔬,水墨兰竹尤饶劲韵。并擅诗词。

钱韫素,字定娴。闵行李尚璋妻。嘉兴太傅谥文端陈群元孙女。通经史文辞,旁及医学。尚璋幕游返,闭户著书,韫素佐夫食贫课徒十余年,藉束修为助。书橅孙虔礼《书谱》,画守文端公母南楼老人家法,故又自号又楼。卒年七十八,著有《月来轩诗稿》。

谢蕙,法华王香谷妻。通文艺,善绘事,设色花卉,以神韵胜。

陆惠，字璞卿。适吴江张澹为继室。工诗词，善画花卉。澹贫，佣书沪上，惠则设帐课女弟子，以修脯佐家食。致力写生，学南田、南沙，不落窠臼，辄能抗手古人。题画诗词，名曰《甦香画录》，所用小印文曰："文章知己患难夫妻张春水、陆璞卿合印"。澹尝编其闺中唱和诸作为《双声合刻》，传为艺林韵事。卒年六十八。

闵氏，适南汇黄知彰秋圃。善画工诗，有《画菊赠外》一绝云："篱菊斜阳淡有无，月中留影半模糊。白衣金紫无高下，同上高人水墨图。"（知彰精鉴赏，能画，著有《百幅庐画寄》，载《墨香居画识》。）

程怀珍，字味蔬，号味吾道人。邑人丁振妻。工诗，写山水宗董北苑，意致淡远，一洗闺阁铅华之习。著有《味吾庐文钞》二卷，《诗钞》四卷。

陆畹兰，邑人毛树澂妻。从海昌羊文森女士学画，并受业于华亭胡公寿。画山水、兰竹，饶有韵致。

朱鞠，字霜华。邑人朱锡彤长女，适仁和高邕。以孝行闻。工书，有《曹娥碑临本》行世。

宋贞，字梦仙。邑人许鏿妻。幼喜吟咏，嫁后偕夫同受业于长洲王韬、元和江标，艺益进。娴书画，能篆刻。光绪庚子拳乱时[1]，西北人民避难来南，颠顿于道。梦仙日售书画，以助赈捐。卒年仅二十六。著有《天籁阁集》四种。

李金钧，字吉谦。邑人祖芬女。幼聪慧好学，十一岁能作论说，稍长习书画。初学《灵飞经》，继临苏书，悬臂写《罗池庙碑》，颇能神似。临南田花卉，秀韵焕发。宣统辛亥后七年，感时行症卒，年仅十七。祖父且顽老人检其书画遗墨付印分传，名曰《优昙集》，名人题咏，咸惋惜之。

毕昭文，新安人。幼随父母旅京师，容止修整。能诗，善鼓琴，工画仕女、花卉。崇祯壬午，以才色选入宫，明亡出京，辗转至吴地，适昆山王开圣为继室。携家受徒，寓蒲汇塘、盘龙江之间。王殁，毕自设席课徒。著有《织楚吟诗集》。

董僊，字韵笙。平湖孙燕庭妻。工书，学《灵飞经》，秀韵独绝。刺绣之妙，时推神针。咸丰季年，随夫避粤匪乱至沪，寓浦东。

羊文森，海昌人。吴门赵似云妻。工画山水、人物，

---

[1] 即清末义和团运动时期。清朝统治阶级将义和团运动污称为拳乱。——编者注

雄健无脂粉气。

钟惠珠，字心如。秀水张熊妻。工画梅，偶作设色花卉，娟秀有致。

陆兰生，元和金德鉴妻。书法雅秀，远宗《兰亭》，近师赵、董。沪人恒以便面索德鉴画，俪以兰生书，夫妇合作，矜赏一时。

陈慰之，吴门殷萃田妻。工写人物、仕女，笔致秀挺，近新罗一派。

顾
跋

杨君东山编《海上墨林》既成，将梓行，以校勘事见属，乃于此编得先诵一过。美哉，备矣。昔吾邑褚文洲先生撰《沪城备考》，长洲王紫诠先生撰《瀛壖杂志》，亦兼载海上之书画家，寥寥数十人耳。兹编自宋、元迄今，罗得七百四十余人，考见征闻，博取广收，不遗浅薄，意在悉举所知，用俟方家论正，固无嫌于多识也。杨君能书能画，人咸知之，无俟余言。独此书之成，为人之所不为，扬阐幽光，有功往哲，并足备后人更修邑志之参考。不朽之事，贶人于无尽，其用意至厚，斯为不可没已。

己未十二月下浣，同邑顾鹏翔生跋。

图书在版编目（CIP）数据

海上墨林：大师眼中的海派画家 / 杨逸著. -- 北京：中国画报出版社, 2025.3. -- ISBN 978-7-5146-2459-5

Ⅰ．K825.72

中国国家版本馆CIP数据核字第20248GW639号

海上墨林：大师眼中的海派画家

杨逸 著

| 出版 人：方允仲
| 策　 划：许晓善
| 责任编辑：程新蕾
| 内文排版：郭廷欢
| 责任印制：焦　洋

出版发行：中国画报出版社
地　　址：中国北京市海淀区车公庄西路33号　邮编：100048
发 行 部：010-88417418　010-68414683（传真）
总编室兼传真：010-88417359　版权部：010-88417359

开　本：32开（880mm×1230mm）
印　张：8.875
字　数：200千字
版　次：2025年3月第1版　2025年3月第1次印刷
印　刷：三河市金兆印刷装订有限公司
书　号：ISBN 978-7-5146-2459-5
定　价：88.00元